JN000275

エンジニアリソース
革命

国本和基

CROSSMEDIA PUBLISHING

はじめに

「いいエンジニアを採用したいのに、選考を進めても辞退されてしまう」
「応募があっても未経験者ばかり」
「月100万円出しても、優秀なエンジニアが採用できない」……

ＩＴ市場の成長に伴い、エンジニアの需要が高まるなかで、このような悩みを抱える方は決して少なくありません。ＩＴエンジニアの求人倍率はどんどん上がっており、採用の難易度が増していますが、特に日本国内では少子化の影響もあり、候補者は少なくなる一方。もはや各企業がエンジニアを取り合う状況でエンジニアの給料は高騰し、日本では人材派遣会社に月100万円を支払っても、派遣されるのは未経験者ばかり。なんとか採用できても人材紹介会社に高額な紹介料を取られ、せっかく採用したエンジニアが、仕事を覚えた頃に転職してしまう――そんなケースが後を絶ちません。

本書では、そのようなエンジニア採用の問題を解決する方法として、海外エンジニアの活用――すなわち、オフショア開発を成功させるポイントについてお伝えしています。特に私も拠点としているベトナムは、エンジニアの質が高く、優れたオフショア開発先として注目が高まっているエリアです。

ベトナム人は理数系の素養が高く、日本人にひけを取りません。しかも、日本と違って若いエンジニアが多く、理数系の大学でコンピュータサイエンスをしっかり学んだ優秀な人材が、毎年６万人のペースで輩出されています。それでいて、人件費は日本人の半分ほどと、国内でエンジニアを採用するよりも、はるかにメリットがある選択といえるでしょう。

もしかすると、読者のみなさんのなかには「過去にオフショアで失敗した」という方もいるかもしれません。しかし、失敗したのであれば、必ず理由がありますし、海外エンジニアを取り巻く状況はどんどん改善されています。過去に失敗した人でも、今チャレンジすれば成功できるチャンスは十分にあるのです。

私はかつて、タイ、インドネシア、ベトナムなどでＩＴシステム導入のプロジェクトに関わったのですが、その際に東南アジアのエンジニア人材の優秀さにとても驚きました。なかでも、特にベトナム人エンジニアの優秀さは際立っていて、そのときの思いがきっかけとなり、freecracyという会社を立ち上げました。詳しくは本書でこれからお話ししていきますが、freecracyは日本とベトナムに拠点を置き、社員のほとんどはベトナム人です。そしていろいろな会社の海外人材活用に携わり、日本企業と海外企業の仕事の進め方の違いを目の当たりにして、なぜ日本ではオフショア開発――海外エンジニア採用に失敗する企業が多いのか、どうすれば成功できるのか、日本にいてはなかなか気づけない深刻な問題点が見えてきたのです。

ＩＴ化やＤＸ化が加速度的に進むなかで、優秀なエンジニアを採用できるか否かは、企業の成長に大きく影響する重大な問題です。そこで本書では、日本企業に内在する根深い問題を解析し、オフショア開発に成功している企業の事例から、海外エンジニア活用を成功させる具体的なポイントをお話しします。

エンジニアリングの世界では、優秀なエンジニアを1人採用すれば、生産性は10倍に上がるといわれます。それはまさに「革命」であり、本書のタイトルにあるように「エンジニアリソース革命」を起こさなければ、グローバル化の進むこれからの世界を生き残ることはできません。

海外エンジニアを一度も活用したことがない人も、既に活用して苦い経験がある人も、本書があなたの会社に「エンジニアリソース革命」を起こすきっかけとなれば、著者としてとてもうれしく思います。

CONTENTS

第1章
「海外」を通して見える日本のIT人材のリアル

第2章

なぜ、大多数のオフショア開発が失敗するのか？

第3章 海外エンジニア人材活用の成功法則

第4章

「エンジニアリソース革命」を起こすときは、今

装丁　華本達哉（aozora）
DTP　明昌堂
編集協力　ブランクエスト　蔵本貴文

第1章

「海外」を通して見える日本のIT人材のリアル

目前に迫る「2030年問題」

「2030年までに日本のエンジニアが最大で79万人不足する」——この事実をご存じでしょうか？

日本の社会は現在、少子高齢化という深刻な問題に直面しています。厚生労働省の人口動態統計によると、2021（令和3）年に生まれた子どもの数は約81万人と過去最少で、予想よりも早く少子化が進んでいることが示されています。

この少子化の進行は、労働力人口の減少を意味しています。15歳以上で働く能力と意思のある人口が少なくなることで、エンジニアを含む各種専門職の人材獲得がより困難になっているのです。

少子化に伴いエンジニアもどんどん高齢化しています。実際に経済産業省の

図1　IT人材の供給動向の予測と平均年齢の推移

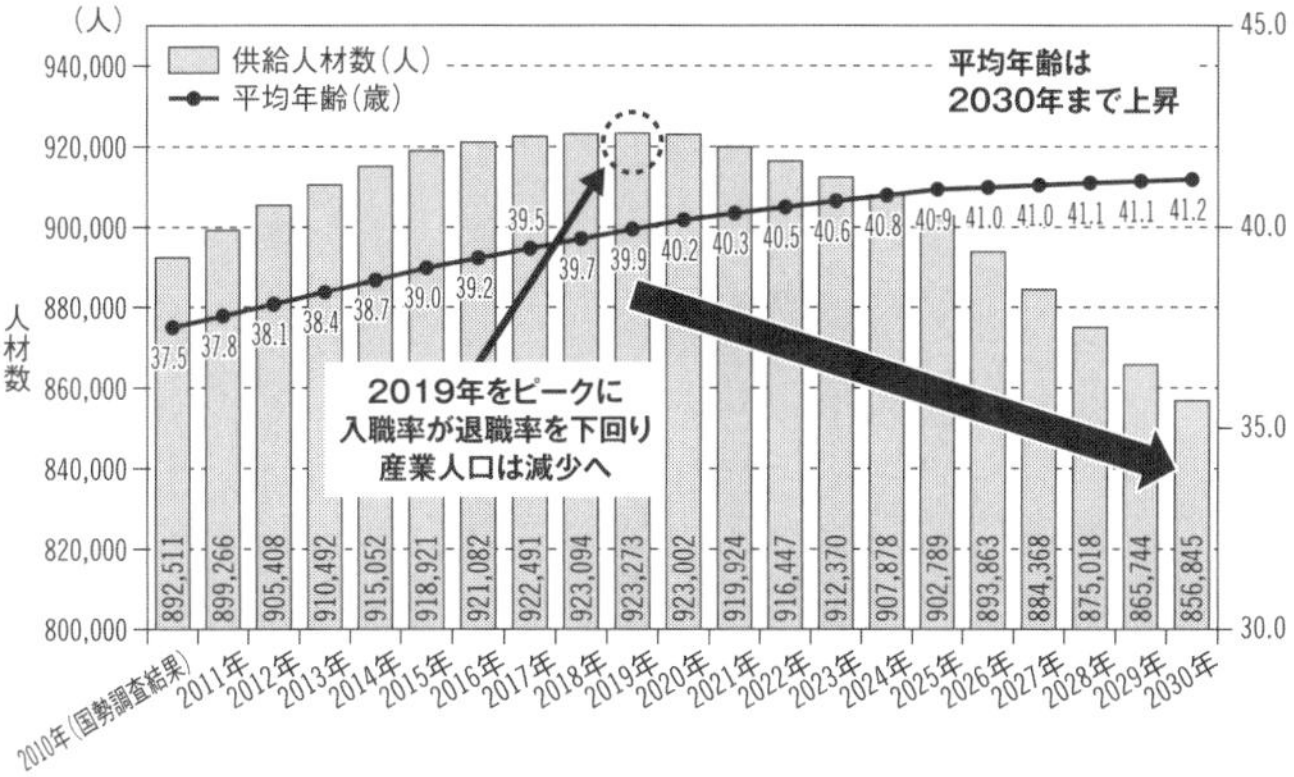

出所：経済産業省「IT人材の最新動向と将来推計に関する調査結果～ 報告書概要版 ～」

２０１６年の統計では、２０１９年をピークに人材供給数が減少し、２０３０年には86万人を下回ると予測されました（図１）。

ＩＴ人材の平均年齢は２０２０年時点で40歳を超えており、２０３０年まで上昇傾向にあるとされますが、これは若手のエンジニアが不足し、経験豊かな高齢のエンジニアに依存する状況が長期化することを意味しています（図２）。

ＩＴ業界のトレンドは目まぐるしく変わりますので、たとえ優秀だとしても高齢のエンジニアには、技術のキャッチアップが難しくなります。そのためエンジニアが高齢化すると、非効率的な旧来

図2　IT関連産業における年代別人口構成の変化

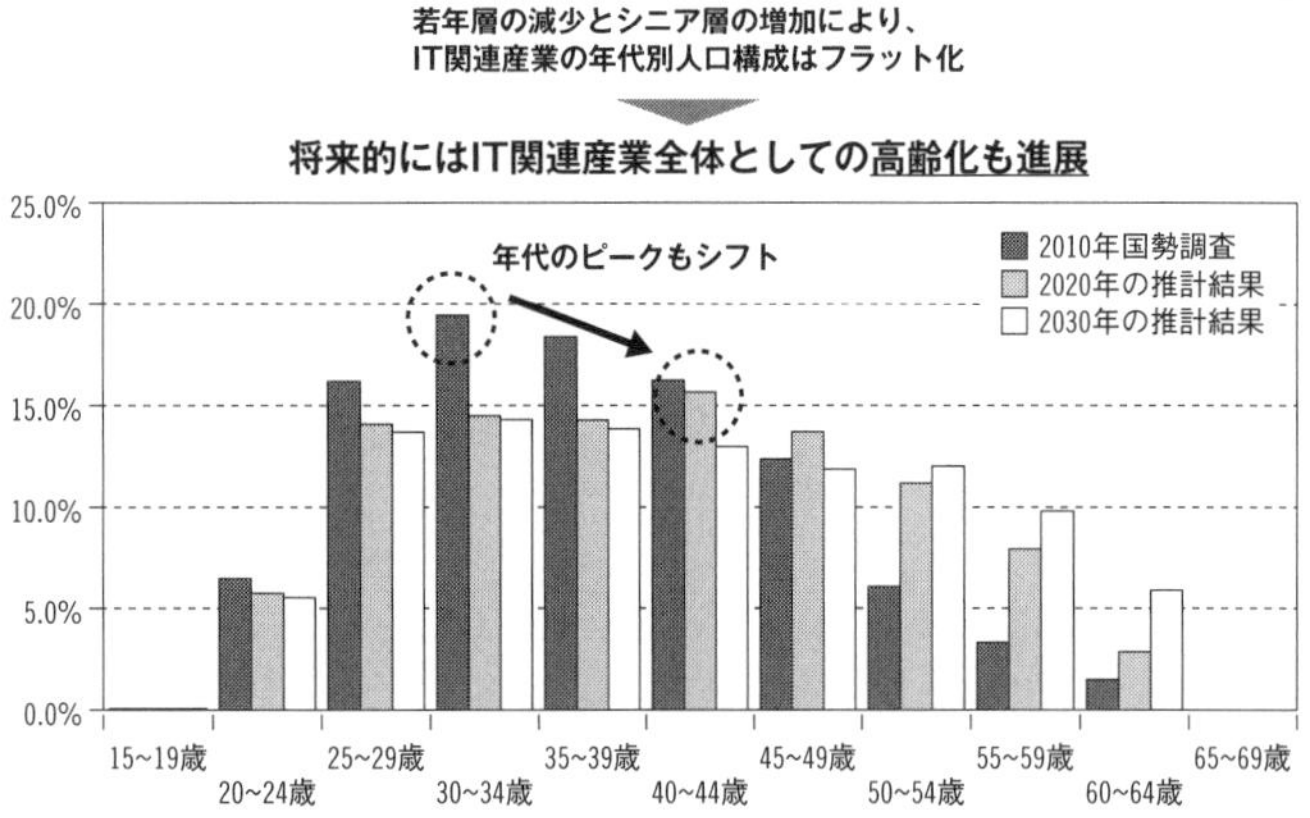

出所：経済産業省「IT人材の最新動向と将来推計に関する調査結果～ 報告書概要版 ～」

のツールに固執したり、最新のトレンドに沿わない開発がされたりという問題も発生します。

この結果、**２０３０年には最大で79万人のエンジニアが不足する、**という数字が導き出されました。これが「**２０３０年問題**」です。

ＩＴ業界に詳しくない人であれば、「79万人のＩＴ人材が不足する」と聞いても、日本の人口が現在1億人強であることと比べると、さほど大きなインパクトがあると感じないかもしれません。しかし、現在の日本全体のエンジニア数が約１２０万人であることを考えれば、79万人というのはその半分以上に当たります。

また、私は普段ベトナムを拠点としていますが、「ベトナムＩＴ市場レポート２０２３」によれば、ベトナムのエンジニア数は約53万人といわれます。それと比較すると、日本の将来のエンジニア不足は実に1国分以上に相当することになります。

こう考えると、この問題がいかに深刻かをご理解いただけるのではないでしょうか。

エンジニア不足が生み出す悪循環

このような状況が日本のＩＴ業界に与える影響は計り知れません。

具体的に考えると、まず、**競争力のあるプロダクトが作れなくなることが懸念されます。**市場のニーズに応える、もしくは競合他社より優れたプロダクトを開発するためには、優れたエンジニアがたくさん必要です。エンジニアをまとめ上げるプロジェクトマネージャー（ＰＭ）も必要ですが、もちろんＰＭの人材も不足しています。

なんとかプロダクトが開発できたとしても、開発スピードは遅くなるでしょう。するとと市場の変化やニーズにうまく対応できず、ビジネスチャンスを逃す恐れがあります。

この問題は、さらに悪循環を生み出します。

エンジニアの人員が不足すると、個々の従業員に大きな負担がかかり、本来は複数人で対応するべき業務を1人で担うケースも多くなるでしょう。結果として**生産性が低下し、プロジェクトの遅延や品質低下の問題が発生し、その対応に取られる時間が増えていくかもしれません。**

そして**職場環境が悪化して、今のエンジニアが退職を決意する。さらに今の人員の負担が大きくなり、退職が連鎖する……。**そんな悪夢のような現実が目前に迫っているのです。

このような未来を避けるためには、**企業は新しいエンジニアの育成により多**

くの時間と資源を割く必要があります。たとえば、教育機関と企業が連携して若手エンジニアを教育したり、エンジニアの働き方を見直し、高齢化したエンジニアが長く活躍できる環境を整えたり、といった施策が有効となるかもしれません。

ここでＡＩの発達により、自動コーディングの技術が進み、エンジニアが必要なくなるという議論も見られます。しかし、そのＡＩのコードをレビューしたり、コードより高い次元の設計を行ったりすることは、人間のエンジニアにしかできません。

ですから、大切なのは、新しい人材獲得の手段を模索すること、すなわち本書でお伝えしたい外国人エンジニアの採用を検討することだと私は考えています。

日本は２０１９年をピークにＩＴ人材の供給が減少をたどる一方で、海外、たとえばベトナムの場合、この先約6万人ずつエンジニアが増え続けると試算されています。詳しくは後にお話ししますが、この**「海外ＩＴ人材」こそ日本企業の活路となるのです。**

日本のエンジニアを取り巻く実情

海外のＩＴ人材の話をする前に、日本のエンジニア採用の状況をより深く分析してみましょう。

２０２０年初頭からの新型コロナウイルスの流行により、多くの企業が採用コストの見直しを余儀なくされました。これに伴いエンジニア採用においては、新卒や未経験者をターゲットとするのではなく、即戦力となる経験者をターゲットとする方針に変更する企業が増えています。

特に20代後半から30代前半の経験豊富なエンジニアに対しては、獲得競争が激化しています。エンジニア不足から市場価値が高まり、エンジニアの給与水準や待遇条件が向上する傾向も見られます。

この変化の中で、中小企業でもエンジニアの採用ニーズが高まっています。しかし中小企業では、スキルの高いエンジニア経験者が望む給与や待遇を用意するのはなかなか難しく、**給与や待遇の条件面で大企業や外資系企業などの競合他社に負けてしまう場面が多く見られます。**

同時に中小企業においては、経営層がエンジニア採用の難易度を十分に理解していないため、**雇用条件の改善が進まないという問題も見られます。**

こうした状況は、日本の企業にとって非常に深刻です。優秀なエンジニアが獲得しにくい状況で、エンジニア不足は今後も深刻化すると考えられますが、今こそエンジニアの採用戦略を見直し、給与水準や待遇条件の改善、教育体制の強化など、より競争力のある採用手法への転換が求められているのです。

さらに、せっかく採用したエンジニアの流出という問題もあります。

実際に日本の企業では、新卒で入社して企業によって育成された優秀なエンジニアが、３年程度の在籍後にメガベンチャーや外資系ＩＴ企業に移るケースも少なくありません。

「メガベンチャー」とは、ベンチャーが成長して大きくなった企業を指し、日本ではＬＩＮＥヤフー（Yahoo、LINE、PayPay、ZOZOTOWNの運営元）や楽天、サイバーエージェント、ＧＭＯインターネット、DeNA（ディー・エヌ・エー）などが代表例といえます。ベンチャーの雰囲気で仕事ができる、そのうえ給与面も高く福利厚生も充実している、さらにブランド価値もある……というので、特に若いエンジニアに人気です。

これによって、**強い企業だけが優秀な人材を独占するという構造が生まれています。**中小企業やスタートアップが優秀な人材を確保できないのには、こうした背景もあるのです。

また、ＩＴ業界における外資系企業への「移籍」も増加しています。とりわけ高給である外資系コンサルティングファームへの人材流入が目立ちます。

たとえば、ある外資の大手ＩＴコンサルタント会社では、毎月１００人規模の中途採用を行っているともいわれています。ピーク時は年間で約１５００人程度の社員増加があったというのは、その人気の高さを物語っています。

リクルートキャリアが２０１７年に発表した調査では、国内全体の転職求人倍率が1・90倍であるのに対し、外資企業が多いとされるコンサルティングファームでは6・17倍にも上ると報告されています。ＩＴ業界は売り手市場であるため、待遇や条件がよいのが一因と考えられますが、**優秀なＩＴエンジニアはどんどん外資企業へ転職してしまう恐れがあります。**


このような状況は、日本国内の企業にとって二重の打撃となっています。ひとつは、**新卒採用に力を入れ若手エンジニアを育成しても、数年で大手企業や外資系企業に流出してしまうリスクが高いこと。**もうひとつは**即戦力となる経験豊かなエンジニアを採用するための競争が激化していることです。**

企業が採用したエンジニアを維持するためには、給与や待遇の改善、キャリアアップの機会の提供、働く環境の充実など、より魅力的な条件を提供しなければなりませんが、資源が限られている中小企業にとっては簡単なことではありません。しかしそれでも、日本企業は優秀なエンジニアを採用し維持するために、新しい戦略を模索し続ける必要があるのです。

日本はエンジニアが育ちにくい？

日本では、エンジニアの育成に対する取り組みも、十分とはいえない状況です。

岸田首相は大意として「スタートアップ大国を目指す」という方針を掲げていますが、スタートアップはＩＴ関連事業が大きな割合を占めているにもかかわらず、**エンジニアを増やすための具体的な策はほとんどありません。**

実際に日本は、27の先進国の中で、科学や工学の分野でキャリアを目指す学生の割合が最低レベルとなっています。ＯＥＣＤ（経済協力開発機構）の調査によると、日本は、ＳＴＥＭ（科学、技術、工学、数学）コースを専攻した大学卒業生の割合で22位となっています（図３）。つまり、教育機関からのＩＴ人材の供給も不足しているといえます。

図3　日本でSTEMコースを専攻した大学卒業生の割合

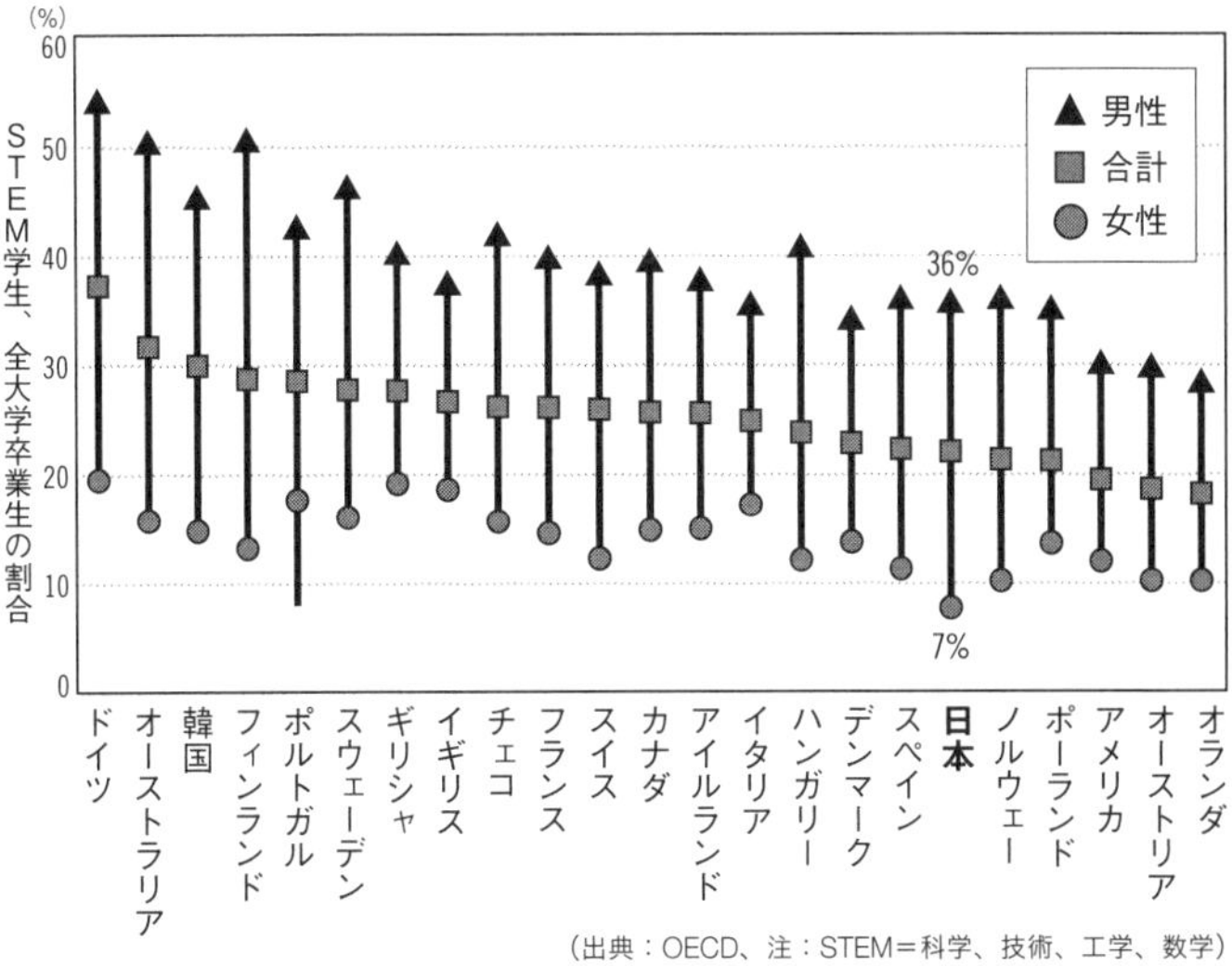

（出典：OECD、注：STEM＝科学、技術、工学、数学）
出所：OECD発表データより作成

さらに悪いことに、**日本の会社では入社後の研修制度の質も低いといわれます。**

経済産業省の日本を含む8ヶ国の「会社の教育・研修制度や自己研鑽支援制度に対する満足度」に関する調査結果によれば、日本のIT人材の中で「会社の教育・研修制度や自己研鑽支援制度に満足している」と答えた人の割合は、わずか5・2%。これは8ヶ国中最も低い数値です。また、「満足していない」と答えた人の割合も19・0%と、韓国に次いで高い数値を示しています。これらの数字を合わせると、日本のＩＴ人材の約60％が、会社から提供される教育や研修に満足していないことがうかがえます。

自己研鑽に関する調査でも、日本のＩＴ人材は「業務外ではほとんど勉強しない」と答えた割合が33・６％で、アメリカ、インド、韓国に続いてワースト４位となりました。

一方で、「業務上必要な内容があれば、業務外でも勉強する」と答えた人の割合は47・４％と、中国、ベトナムに次いで高いものの、自発的な学習意欲は低いことがわかります。

これらのデータは、日本においてエンジニア育成が十分に行われていない現実を示しています。

企業が提供する教育や研修に対する満足度が低く、自主的な学習意欲も低いため、エンジニアとしてのスキル向上や新たな知識の習得が進んでいない――これが日本のＩＴ業界の競争力を低下させる要因となり、エンジニア不足の問題をさらに深刻化させているのです。

ベトナムのＩＴ人材の実情

ここでベトナムを例に、海外のＩＴ人材の実情を見てみましょう。

ベトナムは10年以上前から「ソフトウェア立国」「エンジニア立国」を目指し、**２０３０年までにＩＴエンジニアを含む１５０万人のＩＴ人材を輩出することを目標に掲げています。**政府はＩＣＴ教育を積極的に推進しており、ＩＴ関連教育を提供する30校近くの大学のコンピュータサイエンス学部に１００％の補助金を出し、学生が無料で通えるようにしています。そして毎年約６万人のエンジニアが誕生しています。

また、**ベトナムでは若いエンジニアが多いという特徴もあります。**２０２３年時点で53万人程度のＩＴ人口のうち、実に20代が半数程度を占めるとされています。

このような現状から考えると、ベトナムのＩＴ業界の発展は約束されているといえるでしょう。

これに対して日本では、岸田首相がスタートアップ大国を目指すと発言しているものの、エンジニアを増やすための具体的な施策はほとんど打ち出されていないばかりか、対応の遅さも問題です。

国内のＩＴ人材が最大79万人不足する２０３０年は、目前に迫っています。仮に、本書を執筆している２０２４年に法律が成立して補助金が支給されるようになったとしても、２０２５年に学び始めた大学生が学部を卒業するのが２０２９年。その後、数年間の実務経験を積むとしても、ギリギリ２０３０年に間に合うか否か、というところです。

このような状況を考えると、日本がベトナムのようなＩＴ業界の先進例に追いつくのは、非常に厳しいといわざるを得ません。

日本の懸念点ばかり述べてしまいましたが、とはいえ日本には、世界的に見ても理数系が強いという長所があります。これはＯＥＣＤのＰＩＳＡテスト（15歳の学生が受ける学力到達度テスト）の結果にも表れており、日本は科学的リテラシーや数学的リテラシーなどの領域で常に世界トップクラスの成績を収めていて、日本人は職業エンジニアとして十分にやっていける素質があると思います。

現に、他の国では社会人になってからプログラミングを学ぶのは難しいとされていますが、日本人は勤勉で学習能力が高いという国民性のためか、キャリア変更もよく行われています。

しかし残念ながら、日本はこれらの強みを活かせていないように感じています。現実問題、**たとえ職業エンジニアの素質があったとしても、4年間のコンピュータサイエンス教育を受けた専門家には、なかなか追いつけるものではありません。**ベトナムのようにＩＴ教育に力を入れていない日本が、国内ＩＴ人材の育成の面で他国に追いつくには、さらなる努力と時間が必要となるでしょう。

私は、**ベトナムはオフショア開発の業務委託先として、最適な国のひとつだと考えています。**

ここまでお話ししたように、ベトナム政府は２０３０年までにＩＴエンジニアを含めて１５０万人のＩＴ人材を輩出するという具体的な目標を設定し、国策としてＩＴ人材の育成に注力しています。ＳＴＥＭ教育も重視していて、中学校からコーディングやＩＴ科目の学習が始まるなど、若い世代の理系教育に力を入れています。

このような国を挙げた施策が功を奏したのか、**ベトナムではJavaScriptやJava、ＰＨＰ、Pythonなどの人気のプログラミング言語に精通したエンジニアを多く輩出し、低コストのＩＴ人材が豊富に揃っています。**

さらに、ベトナムは東南アジアの中でも特に親日国であることもポイントです。日本との経済・文化交流が活発で、日本語学習者が急増しており、日本国内の留学生のうちベトナム人が全体の20%を占めるほどです。

ですから、**外国語が苦手でも、ベトナムのエンジニアとは円滑なコミュニケーションを取りやすく、日本企業がベトナムでオフショア開発を行う場合、**

コスト削減や優秀なＩＴ人材の確保、言語的な障壁の低減といった複数の利点が見込まれます。

それに対し、日本の多くの大学には、コンピュータサイエンス学部はありません。理工学部などでコンピュータサイエンスに関連する内容を部分的に教えることはありますが、それで本物の専門家が養成できるわけではありません。日本では、文系の学部出身であってもエンジニアになれるというのも特徴的です。実際に、高卒の方がプログラミングスクールに通い、エンジニアに転職するというケースもよく見られます。

つまり、理系でなくてもコンサルティング会社やＩＴ企業に入社し、そこでエンジニアリングの技術を学んでキャリアを築くことができるわけですが、ＩＴの素養がないと思われる人材をトレーニングして使用するほど、日本ではエンジニアが不足しているともいえます。

先に述べたように日本人は勤勉ですから、文系出身で理系の素地がなくても、ある程度の基本的な素養があればエンジニアになることができると思います。

しかし、企業がエンジニア人材を育成する場合、ＩＴの基本的な知識を身につけていないために、その企業独自のやり方に染まってしまうという懸念があります。

私は、**企業で育成された人材は、大学でしっかりと基本を学んだ人材には勝てないと考えています。**特に最先端の技術では、実践的な技術だけでなく、理論的な基礎が重要となるからです。

「ＩＴ土方」を生み出す「多重下請け構造」の問題

日本ではエンジニアの職場がブラックなイメージで見られることが多いのですが、それは日本のＩＴ業界の文化に起因しています。

実は、**日本のＩＴ業界の構造は建設現場と非常に似ています。**まず元請けの有名な大手企業があり、そこから一次請け、二次請け、三次請けという形となっています。要は、**このような多重下請け構造が基本となっているのです。**

その最下層は「ＩＴ土方」とも呼ばれ、ブラックな職場環境になっているところも少なくありません。安い月給で朝早くから夜遅くまで働き、家に帰れないというエンジニアに会ったこともあります。このような状況が悪評となって若い人に伝わり、エンジニアやＳＥに対する人気が落ちているのかもしれません。

元請けからすれば、二次請け、三次請けという形で業務を回せば、結果的に安く上がる、という考え方が根底にあるのかもしれません。しかし、それが回りまわって結果、ＩＴ人材が不足する要因となり、自分たちの首を絞めているのです。

また、日本の中小企業や零細企業では、技術力の低下が起こっています。それは受託の割合が減少していることに如実に表れています。

ここでいう「受託」とは、開発品の品質に責任を負う開発形態ですが、最近のＩＴ関連の中小企業は、社内で完成品を請け負うことが減りました。逆に、ＳＥＳ（システムエンジニアリングサービス）として自社のエンジニアを大手クライアントに派遣し、月額で報酬を得る形が増えています。

受託開発では、自主的に開発管理し、品質責任を負う必要があります。その一方でＳＥＳでは、発注した会社からの指示があり、いわば派遣社員のような形態で働くことになりますが、企業が開発責任を負わなくて済むＳＥＳのほうがリスクが少ないと考えられているのです。

たしかに開発責任がないというのは利点ではありますが、**このような体制のもとでは、エンジニアがプロジェクトの進め方やプロダクト開発のノウハウ、知識を深める必要はありません。**その結果、エンジニアの技術力が低下するわけです。

このように、日本の多くの中小企業はＩＴ企業というよりも人材派遣に近い形になっているのですが、大手企業もコアな人材は抱えつつ、安い労働力を外部から得ようとするのが一般的です。

海外では、日本のような多重下請け構造は見られません。この多重下請け構造は、江戸時代の大名の関係性のようです。元請け会社が親藩にあたり、二次請けが譜代大名、三次請けが外様大名といったところでしょうか。これも日本的な文化のひとつなのかもしれません。

多重下請け構造の下位の企業は、思考停止状態に陥り、今までやっていたことをただ続けているだけ、という場合が多いようです。

高齢化が深刻で、50代や60代の従業員が大半という企業も少なくありません。そのような企業は新しいものを取り入れる意欲に乏しく、現状維持を選ぶ傾向にありますが、**ＤＸやＩＴ化が進む現代においては現状維持という姿勢で安泰な状態をキープできるのか、疑問が残ります。**

実際に私が日本のＩＴ企業の方と話していると、事態の深刻さを痛感します。ほとんどの方は「優秀なエンジニアが採用できない」と嘆いておられますが、特によく耳にするのは「まだ学習したばかりで、ほとんどプロジェクト未経験の人しか紹介されない」、あるいは「経験者でも60歳以上の人しか紹介されない」という話です。

現に、80万円から100万円程度のコストでエンジニア派遣を利用したとしても、特に有名な会社でない限り、優秀なエンジニアが派遣されることはまずありません。

これは企業にとっては嘆くべき状況ですが、日本のエンジニア派遣会社にとっては有利な状況といえます。一方で発注側は、この不利な状況を理解していてもいなくても現状維持を選び、あくまで日本人を採用することにこだわっているのですから、おかしな話ではないでしょうか。

スタートアップが現状を打破するカギとなる

こうした事情から、企業は日本人のエンジニアにこだわらず、海外のエンジニアを採用したほうがはるかに効果的だと思いますが、海外エンジニアを派遣する会社は少なく、いまだに大きな壁となっています。こうして日本企業は、海外のエンジニアの採用に踏み出せず、思考が停止してしまっている状況に陥っているわけです。

しかし、**海外の優秀な人材を、日本人と同じかそれより安いコストで採用すれば、業務効率は大幅に向上します。**日本企業の大半は、新しいものを避けて現状維持を続けようとしがちですが、新しいものを取り入れる文化が根づけば、日本のＩＴ業界が大きく変わるかもしれません。

私は、このような日本の状況を変える希望のひとつが、スタートアップだと考えています。

日本の中小企業の場合、多重下請け構造のもとで薄利で仕事を請けているため、エンジニア採用のコストが課題となることがほとんどです。一方でスタートアップは、**優秀な人材を揃えることが社の存続に関わる課題であり、製品の質やリリースの早さを最も重視するという、中小企業とは異なる課題があります。**

優秀なエンジニアたちは、「世界を変えるようなプロダクトを作りたい」という強い思いを持っているものです。若い人の中ではスタートアップで働きたいと考える人が増えているようですが、そのような若さと勢いのあるスタートアップが増えていくことが、閉塞したＩＴ業界を打破するカギになるのではないでしょうか。

また、スタートアップにはＩＴ関連の企業が多く、**これらの企業が日本のエンジニアの待遇、品質、意識改善に取り組むことで、日本企業の体質そのものを変えることができるはずです。**

エンジニア採用が高い2つの理由 ――「経済性」と「効率性」

前項で、エンジニア採用コストが高額である問題について話しましたが、高額になる理由には「**経済性＝コストの大きさ**」と「**効率性＝発生する手間や工数**」という2つの視点が関わっています。

この2点を解決したいという思いは、私がfreecracyを立ち上げたきっかけでもあります。

まず、経済性について説明しましょう。

私がベトナムで会社を経営していたときに、日系の人材紹介会社が営業に来たことがありました。当時のベトナムには日系の人材紹介会社が50社ほどあり、どの企業も同じようなサービスを提供していました。2ヶ月分の報酬を受け取り2ヶ月間の労働保証を提供するといったサービスで、まったく差別化されておらず、私は不思議に思いました。

ほかにも、人材広告を出す際には、採用が確定していない状況でも費用を支払うというのが基本でしたが、**効果がまったくわからないのに先にお金を出すという仕組みに大きな違和感を抱いたことを覚えています。**私は生粋の大阪人で、商売人の父親を見て育ったので、特にそう思うのかもしれません。

これらは人材業界の中で慣習的に続いていただけで、誰も疑問を抱いていないようでした。人材業界としては、現状の方法でも十分に経済的に成り立っているから問題はなかったのでしょう。ただし、発注する企業にとって不利益であることも多いように感じました。

さらに、人材紹介会社の紹介料は、日本では35％程度です。これは昨今のエンジニア不足によって今後はさらに上がるでしょう。ベトナムではそれよりも安くはなりますが、20％近くの紹介料が発生します。

このように、**エンジニアの採用の相場は効果に比べて高額すぎるというのが、私の意見です。**ですから、低コスト化を進めるべきだと思っているのです。

もうひとつ、効率性という点があります。

ネット広告の業界では近年、ＣＰＣ（Cost Per Click：閲覧数ではなくクリック数で広告費用が決まる）や成果報酬（顧客のアクションが発生したときだけ報酬を払う）が一般的になりました。それと同様に人材広告も、データを利用して成果報酬を導入することが可能なはずです。

また、**エンジニアの応募動向や詳細スキル・経験のデータを利用すれば、より効率的だと思います。**たとえば、エンジニアのスキルや経験をデータベース化して、多くのエンジニアと比較することができれば、よりよいマッチングが可能かもしれません。

エンジニアにとっては自分が活躍できる職場に入ることができるのですから、発注側だけではなくエンジニアにもメリットがあるでしょう。


しかし既存の人材紹介会社では、企業と人のマッチングはほとんど人の手で行われます。

具体的には、まずクライアント企業と要件を決めてそれに適した人材をデータベースで探します。それから、候補のエンジニアと面接するという手順を踏みます。

この方法はごく一般的ですが、私には、**人が不要な部分にまで介在していて非効率のように思えます。**こうして、この人材紹介のプロセスをもっと効率化できる可能性があるのではないか、と模索し始めたわけです。

人材業界からすれば、先に述べたように変化しなくても十分にビジネスが成立しているわけですから、現状の方法を続けていればいいと考えるかもしれません。しかしユーザーの視点からすると、もっと使い勝手がよいサービスを求めているかもしれないし、それは十分に可能なはずです。

これらは一例にすぎませんが、人材業界にはこのように、効率化やサービスの質を向上させる余地が多くあるのではないかと考え、私はfreecracyの設立に至ったのです。

こうした人材紹介の高いコストや品質の低さは、現在においてなお大きな課題となっています。

実際、**日本におけるエンジニアの採用コストは国際的に見ても非常に高く、採用単価は他の職種と比較しても圧倒的です。**

マイナビの「中途採用状況調査2022年版（2021年実績）」によると、2021年のITエンジニアの採用者1名あたりの求人広告費は40・5万円でした。16職種中5番目に高く、2020年も51・3万円、2019年は63・9万円で、全職種中最も高い金額となっています。

また、日本で国内エンジニア人材を採用する際に人材エージェントを利用する場合、前述のように採用者の年収の35％前後の紹介料が発生します。たとえば、年収600万～800万円のリーダーや担当者レベルのエンジニアの場合、140万～210万円程度が紹介費用として必要です。プロジェクトマネージャークラスでは、紹介料だけで280万～350万円程度にも上るので、企業にとっては相当な負担となります。

本章の冒頭で述べた通り、現在は多くの企業が即戦力となる経験者の採用に方針を変えていますが、IT業界への需要の高まりを考慮すると、今後も経験者をターゲットにした求人は増える一方でしょう。つまり、採用コストはこれからどんどん増大していくと思われます。

採用側にとっては厳しい状況ですが、エンジニアの月額報酬がそこまで高くない海外では、さほど問題はありません。現にベトナムでは、同じレベルの日本人エンジニアを雇用する場合、日本の約半分の報酬で済みます。その分、採用コストも抑えられます。

私は、日本の会社の採用意識にも問題があると感じています。

日本の中小企業は、会社成長や優秀な人材を採用することよりも、コスト削減に重点を置いているようです。日本ではフリーランス派遣を採用する際、80万円か１００万円を支払ってもよい人材が採用できずに苦労しているという状況です。このコストをできる限り下げたい、という切実なニーズがありますが、これには**採用側がエンジニアを「コスト」としか見ておらず、１人当たりの金額だけで採用を判断する傾向がある、という背景があります。**

さらに、人材会社への報酬負担が重すぎるという要因もあり、結果としてエンジニアに支払う給料に、そこまでお金をかけられなくなるのです。

先に述べたように、私は国内人材のみに頼るのではなく、海外人材を有効に活用すればいいと考えていますが、日本ではそれでも「日本のエンジニアには80万円や１００万円を支払ってもいいが、海外のエンジニアにはそこまで支払いたくない」という考えがまかり通っているふしがあります。

この考え方は、「海外エンジニアの最大のメリットは安さである」という思い込みに起因しているように思いますが、**エンジニアの質は業務の生産性や商**

品の品質に直結します。つまり、エンジニアへ払うお金は投資なのです。そう考えれば、**単に安さだけでなく効果を考えて報酬を設定するべきであり、優秀な人材に十分な報酬を提供できないことは、効果に直結する重大な問題なのです。**

優秀な人材を遠ざける日本企業独自の体質

もうひとつ、私が日本と海外で仕事をするなかで強く感じているのは、**日本企業の採用における競争力が明らかに落ちている**ということです。

たとえばこれまで、ベトナムで日本企業がベトナム人材をめぐり、欧米系企業に競り負けるということはありましたが、東南アジアの企業に負けるということはほぼありませんでした。しかし最近は、ベトナムの現地企業にも日本企業が競り負け、採用に失敗するというケースが増えているのです。

特に、複数のオファーを受けるような優秀なエンジニアを採用する場合、この傾向が顕著です。優秀なエンジニアの採用には、給与交渉が重要となります。けれど日本企業は、オークション状態になっているにもかかわらず、最終面接で社内のルールを重視し、現在の社員との相対的な額に基づいて「これ以上の給料は出せない」と主張する場面が多々見られます。

一般的に日本の企業では、給料は一律に決められ、部署や部門にかかわらず同じような金額の給料が与えられます。給与は実績よりも勤務年数に基づくという企業も多いでしょう。加えて、先に述べた「海外人材にはそこまでコストをかけたくない」という傾向もあり、エンジニアとの給与交渉で融通があまり利かないのです。

一方で海外企業は、必要な人材のためにはコストに糸目をつけません。

特にスタートアップは優秀な人材を採用する意欲が高く、**「この人材がいなければ会社が成長できない」という理由から、コストをかけてでも積極的に優秀な人を採用しようとします。**その結果、日本企業は競り負け、海外企業に優秀な人材が集まっていくのです。

日本では「海外、特に東南アジアの人材は質が悪い」という思い込みが根強く残っているかもしれません。たしかにひと昔前はそのような部分はありましたが、現在は状況が大きく変わっています。

私が考えるに、日本企業が東南アジアのエンジニアの質が低いと感じる理由は、実際に自分の会社に来ているのがレベルの低い人材だからではないでしょうか。しかしそのようなエンジニアはごく一部、というよりも最下層のエンジニアです。**今や、海外の優秀なエンジニアは、日本企業など選ばないのです。**

採用の目的は「コストを下げる」なのか「プロジェクトを成功させる」なのか

日本企業の人気が落ちている要因としては、ほかにもあります。

具体的には、出退勤のルールが厳しい、昇進の機会がない、日本人の社員が英語を使えないなど、日本独自のルールや文化が挙げられます。先の給与交渉の例からもうかがえますが、日本企業はルールを厳守しすぎるあまり、社員の利便性や快適性をおざなりにしているように思われます。そのような日本人の国民性はひとつの長所ではありますが、そのために優秀なエンジニア人材を獲得できず、プロジェクトが失敗する、そもそもスタートできない……というのでは、本末転倒です。

つまり**日本企業は、エンジニア採用の本来の目的――優秀なエンジニアを採用してプロジェクトを成功させることを脇に置いてしまい、ひたすらコストを抑えようとして、採用の機会を逃している**といえます。

海外の会社は、日本よりはるかに柔軟です。なぜかといえば、先に述べたような「優秀なエンジニアがいなければプロジェクトがスタートできない」という強い危機意識があり、エンジニアに気持ちよく仕事をしてもらうことが、社の未来に関わる重要な要因であることを理解しているからです。

そのため、社内ルールを変更するなどして、採用したいエンジニアの希望に合わせて対応しています。

こうして日本企業は迷走を続けているのですが、結果的に商品の品質が低下するという問題が起こります。

わかりやすいのが、コロナの追跡アプリ「cocoa」の開発の例です。このアプリの完成度が低く、問題となったことを覚えている方も多いでしょう。肝心の陽性者との接触情報が配信されないというトラブルが起こりましたが、アプリの意義を考えれば致命的です。驚くべきことに、このような致命的な不具合が４ヶ月も放置されていました。

これには、ＩＴ業界の多重下請け構造という根深い問題が関わっています。このアプリ開発においても、大手企業から中小、零細企業へと、何層にもわたって仕事が流れ、開発を受注した企業がその事業費の94％を他社に支払い、再委託していたことがわかっています。

多重下請け構造では、委託先もさらに他社に仕事を委託します。そのような状況で、いったい誰がプログラムを書いているのかがわからなくなっていたのではないでしょうか。
上流の企業は下請けに開発を丸投げするだけで、技術力はありません。バグの発生原因や進捗が把握できず、対策が後手に回ってしまってトラブルが発覚したのですが、このような多重下請け構造の中では、起こるべくして起きた失敗といえます。

新しいことに挑戦するより、既存のやり方を維持することを好む日本企業の多くは、現在の方法を変えることを恐れ、将来的な発展よりも今現在のコスト削減を重視しがちです。それは成長し続けるＩＴ業界においても同じで、特に中小や零細企業には、新しいツールや方法を敬遠する人たちが多く見られます。
しかし、優秀なエンジニアは新しいものを拒まず、「未来を変えたい」という強い気持ちを持っています。**日本企業が先に述べたような姿勢を変えなければ、優秀なエンジニアには完全に見限られてしまうでしょう。**

私は、日本のＩＴ業界は「ゆでガエル」の状態になっているように感じています。たとえば、世界には貧しくても幸福度が高い国がありますが、これは彼らが他の生活を知らないため、現状に満足しているからではないでしょうか。現に、インターネットなどで外国の暮らしを知ると、幸福度が下がるという現象も見られるようです。

日本のIT業界でいえば、かつての日本は「エンジニア大国」であり、中高年層には、今なおそのようなイメージを抱いている人が多いと思います。しかし現実には、日本企業は優秀なエンジニアをほぼ採用できておらず、過去の常識にとらわれすぎるあまり、海外エンジニアの実力を正しく理解できていないのです。

今は国境や時間がフリーになり、世界がどんどん広がっているのに、大半の日本企業の視野は狭いままです。このままでは、日本企業がエンジニア獲得の国際競争の中で生き残ることはできません。

ベトナムにエンジニアが豊富な理由
①基礎力の高さ

ここで、日本と海外のエンジニアの状況を具体的に比較してみましょう。

私は大学時代にアメリカで学び、コンサルティング会社を経て事業会社の海外部門に移りました。そこでは主にM＆AやITシステムの導入業務を担当しましたが、当時は主にヨーロッパや東南アジアで仕事をしていて、初めてのM＆Aプロジェクトはポーランドで経験しました。その後、タイ、インドネシア、そしてベトナムでITシステム導入プロジェクトに従事してきましたが、最も印象深かったのはベトナムでした。

多くの日本人は、東南アジアをひとつの大きなグループとして捉え、ベトナムのエンジニア人材の魅力や特徴に気づいていないように思いますが、実際に自分の足で各国を訪れ、現地でIT関連プロジェクトに関わり、さまざまな人々と仕事をすると、ベトナムのＩＴ人の優秀さは特に際立っていて驚かされました。

エンジニアのほとんどが大学でコンピュータサイエンスを専攻しているベトナムでは、大学で４年間専門教科をしっかり学んだ後にエンジニアになるというのが、大多数のエンジニアがたどるキャリアです。私立大学よりも国公立大学のほうが設備や学生の質が高く、国公立大学でコンピュータサイエンスを学んだ人材は特に価値が高いとされています。さらに**5年程度の実務経験を積んだ人材はますます価値が高くなりますが、そんな人材であっても、人材派遣会社への支払いベースで毎月40万円から50万円程度のコストをかければ、採用が十分に可能です。**

こう聞くと、「大学で勉強した理論なんて、現場では役に立たない」と思われる方もいるかもしれませんが、そんなことはありません。大学で学ぶコンピュータサイエンスの基礎は、その後のキャリアの重要な土台となります。日本では企業が研修を行い、それぞれの方法でエンジニアを育成していますが、この**初期段階での学習が、後のキャリアパスに大きく影響するのです。**

一般的に、大学では基本的なことを学ぶのに対し、企業研修の場合は職場ですぐに使える知識を習得します。そして企業研修を受けると、職場で何らかの仕事を任せられるようになり、これで十分に思えるかもしれません。

しかしながら、プログラミングの世界は広く、たとえばＨＴＭＬやＣＳＳなどの表層的な部分から始まり、フロントエンド、バックエンド、サーバー系、ネットワーク、インフラなど、非常に多岐にわたりますが、コンピュータサイエンスの素養がない人が企業の研修だけでこれらを網羅するのは、とても困難です。しかしコンピュータサイエンスの専門教育を受けた人であれば、これらの各パーツの全体構造を理解しているため、異なる分野の専門家とのコミュニケーションもスムーズに行うことができます。

コンピュータサイエンスの基礎があると、新しい技術に適応しやすいという点もあります。

たとえば、最近ではフロントエンドを強化し、バックエンドがフロントエンドにサービスを提供する「バックエンドforフロントエンド」といった概念が登場しています。専門教育を受けた人なら、このような新しいトレンドを比較的容易に構造化して理解できるでしょうが、職場で使える知識だけを学んだ人の場合、少しでも既存のものと異なる概念に触れると、思考停止に陥ってしまうかもしれません。

これらの点から、私はやはりＩＴを専門的に学んだ人材は強いと考えています。

また、ベトナムのＩＴ人材は、高い技術力と自己啓発への意欲を兼ね備えているように思います。

ベトナムでは、自分のキャリアを会社に委ねるという概念が日本ほど強くなく、自分のスキルと能力によりキャリアを築くという意識が強く見られます。彼らはJavaやCなどの基本的なプログラミング言語を大学で学んでいて、日本でもそれは同じですが、**ベトナムのエンジニアは常に最新のプログラミング言語や技術トレンドをキャッチアップするために、自己学習をしています。**そのため、たとえばフロントエンド開発のような変化が激しい分野での技術革新にも、柔軟に対応できることが多いのです。

大学を出て一度就職すると学習を止めてしまう日本の人材とは大きく異なり、ベトナムの人材の技術レベルは総じて高く、年齢を重ねるに従って両者の差は広がる一方です。

ベトナムにエンジニアが豊富な理由 ②社会的な風潮

ベトナムでは、エンジニアが社会的な尊敬を受けやすい風潮があります。特に経験が豊富なエンジニアは高く評価され、エンジニアは憧れの職業となっています。

日本と比較すると給料は低いかもしれませんが、一般のオフィスワーカーと比べると3倍から4倍の収入を得ており、現地のエンジニアの地位と夢を象徴しています。

結果、多くの若者がエンジニアを志し、若い人材がどんどん入ってきます。彼らは成長意欲も旺盛で、常に新しい知識を学び続け、現場で活躍する人材に育っていきます。

一方で**日本は60歳を超えたエンジニアも多く、なかにはもはや存在しない言語しか知らないエンジニアもいて、ベトナムとは対照的です。**

こうした傾向は、統計数値にもはっきり表れています。

TopDevの調査報告書によれば、２０２２年時点でベトナムのＩＴ人材（開発者）の数は約48万人に達していました（図４）。これには、大学でＩＴやテクノロジーを専攻し、毎年６万人増加する新しいエンジニアたちも含まれていて、これらのＩＴ人材の約90％は２大都市であるホーチミンとハノイに集中しており、ホーチミンが55・３％、ハノイが34・１％、ダナンが５・９％を占めています。

年齢層を見ると、ベトナムのＩＴ人材の約54％が20～29歳の若年層で、30～39歳が27％を占めています。つまり、ベトナムのＩＴ業界が若い人材でほぼ構

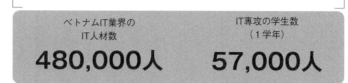

図4　ベトナムのIT人材（開発者）の動向

ベトナムIT業界のIT人材数	IT専攻の学生数（１学年）
480,000人	**57,000人**

ベトナムにおけるIT人材需要の推移

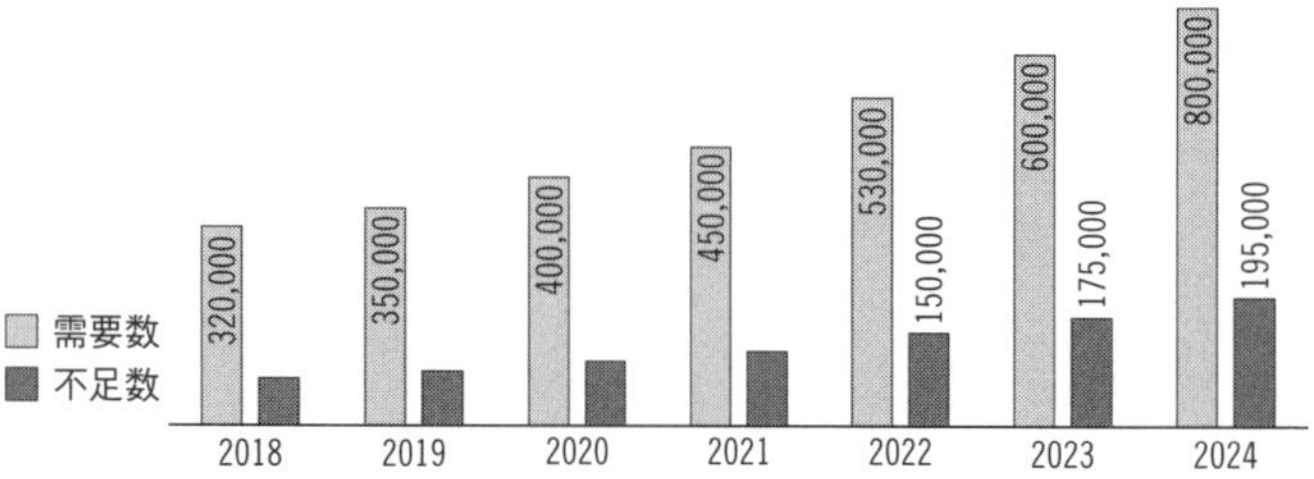

出所：「Vietnam IT Market Report Tech Hiring 2022」をもとに作成

成されていることを示しています。ただし、その一方で経験年数が３年以下のＩＴ人材は52・１％を占めており、５年以上の経験を持つ開発者も約30％存在しています。ベトナムにおいても、キャリアのあるＩＴ人材がある程度存在していることがわかります。

　スキルレベル別の人口動態では、ミドルレベルが最も多く34％を占め、ジュニアレベルが29％、シニアレベルが18％となっています。このように、ベトナムのＩＴ業界には若手から経験豊富な人材まで幅広く揃っています。ひと昔前までは、経験が浅いジュニアエンジニア中心でしたが、そこからジュニアエンジニアが着実に経験を積み、現在ではあらゆるレベルのＩＴ人材がプロジェクトを担当できるように成長しているのです。

中小企業は意識改革が必要

これまでお伝えしたように、国内のエンジニア不足が非常に深刻ではありますが、国内の優秀なエンジニアを雇用するのは非常に難しい状況となっています。**これは一時的な問題でなく、これから永続するものとして認識しなければなりません。**

今の時代では、ＩＴ業界に従事するという考え方自体が古くなっているように感じます。ＤＸが加速度的に進む時代ですから、もはやあらゆる業種にＩＴが関わっています。たとえば、農業や水産業などの一次産業であっても、その効率の改善にＩＴの力が必要です。**これからエンジニアを獲得しようとする企業は、既存のＩＴ業界に属する企業だけではなく、すべての産業とエンジニア**

の取り合いをすることになるでしょう。

ＩＴに関連する仕事をされている読者のみなさんには、この実情をまず理解していただきたいと思います。

このような状況下では、必然的に海外のエンジニアに目を向けることになりますが、海外でも優秀なエンジニアは引く手あまたですから、そう簡単に採用できるわけではありません。さらに、日本企業でもＬＩＮＥヤフーやマネーフォワードのようなメガベンチャー企業は、この現実をよく理解して海外の優秀な人材を積極的に獲得しようと努め、海外にオフショア会社を設立して本気で海外の優秀なエンジニアの獲得に動き始めています。

一方、このような危機意識を持っていない中小企業は、一般的には80万～100万円ほどをかけてエンジニア派遣を利用しています。この負担が重いため、海外に目を向ける場合はコスト削減が興味の中心になります。しかし、国内外問わず優秀なエンジニアを雇用しにくい現状では、「国内人材が雇えないから、海外人材を雇おう」というわけにはいきません。

もしも同じコストで海外の優秀なエンジニアを採用できれば、仕事の効率は確実に上がります。実際にＩＴ業界では、**優秀なエンジニア１人は10人分の仕事をする**ともいわれています。

つまり**日本企業は、国内人材だけでなく海外人材を積極的に活用することで、自社の成長と発展の大きなチャンスをつかむことができるでしょう。**そう考えると２０３０年問題は、海外人材に目を向ける好機といえるかもしれません。

私はこれまで20年ほど海外で生活し、その半分はＩＴ関連のプロジェクトに関わってきました。そのなかで、日本人の認識の甘さや、海外エンジニアに関する認識が現実と異なることを痛感しています。そもそも、日本人のプロジェクトの進め方そのものが、効率性や最適化に関して問題があるように思います。

実際、海外のエンジニアを採用したプロジェクトでは、効率的に進むパターンとそうでないパターンがあります。この違いは、**語学ができるなど海外対応に慣れているかどうかではなく、プロジェクト運営がルール化・仕組み化されているかに起因します。**

つまり、運営がしっかりルール化されてプロジェクトを問題なく進行できる企業は、海外エンジニアを活用しても成功できます。しかし、**うまく回っていない企業は、日本人同士でプロジェクトを進めていたときから問題を抱えている場合が多いのです。**

私たちのクライアントの7割程度は、海外エンジニアを採用してもプロジェクトがスムーズに進行していますが、3割くらいはかなり苦労している印象です。その3割の企業においては、日本で進めているプロジェクトも最適化されておらず、日本人同士なら通じる共通認識でなんとなく回っているだけです。ただし、海外人材とプロジェクトの経験から、日本側のプロジェクトも効率化されていきます。

海外エンジニア採用が改善の契機となる

私は海外エンジニアと話をする機会が多くありますが、そのなかでよく指摘される日本の問題点は、非効率性です。

たとえば、日本では毎週や毎日、定例のミーティングを行う企業は多いと思いますが、それは彼らに言わせれば無駄であるようです。

「そうはいっても、定期的な報告は必要だろう」と思う方もいるでしょう。しかし、そもそもミーティングを行わなくても、ツールを用いて必要最低限の情報が伝わる仕組みを作ることが大事なのです。私自身、日本式の定例ミーティングを行っていたことがありますが、彼らからの意見によって廃止しました。**優秀なエンジニアであるほど、こうしたミーティングに時間を割くことを嫌がります。それよりも、コーディングなどの実務を行ったほうがよほど生産的だからです。**

このように、海外人材を活用することは、自社のプロジェクト運営が正しく機能しているかを見直す絶好の機会となります。日本では問題と認識されないことでも、海外の視点から見るとそれが浮き彫りになるのです。

私は、海外人材をうまく活用する前に、自社のプロジェクトが適切に運営されているか、それを運営する組織の体制自体を含めて再評価する必要があると考えています。

組織を変える方法は、主として2通りあります。ひとつは、**意思決定者や権限を持つ人が意識を変えること。**もうひとつは、**現場レベルの個々人の意識を変えることです。**

この種の問題を解決するのは、企業の意思決定者にしかできないことかもしれません。厳しい話、意思決定者でない人がどれだけ頑張っても、組織の変化は望めないのが一般的だと思います。

現に、私は中小企業と仕事をするとき、ほとんどの場合は代表の方と直接お話しします。それは先に述べた事情から、組織のトップである代表の意識を変えられれば、組織自体に変化を起こすことができるからです。

さらに、**企業の意思決定者や権限を持つ人の意識を変えると同時に、現場の個々人の意識を変えることができれば、その組織は大きく変われるのではないでしょうか。**

企業を飛躍・成長させてくれるオフショア開発の可能性

こうした状況にあって、オフショア開発は企業の活路を拓くカギになります。

オフショア開発を行うことで、よりレベルの高いエンジニアと仕事をする機会を得、それによって仕事の進め方や組織体制の問題点を洗い出すことができます。多くの日本企業は変化を恐れ、リスクを背負うことに消極的ですが、先に述べたように優秀なエンジニアを採用すれば、企業は乗数的に成長できます。**まずはそれを体感してみること、つまりチャレンジすることが必要なのです。**

具体的には、海外エンジニアと実際に話をしてみるといいでしょう。海外エンジニアを面接すると、その能力やレベルの高さを実感することができるはずですし、その気づきが何より重要です。

私が普段、ベトナムで仕事をするなかで、初めてホーチミンを訪れた日本人のほとんどが「思ったより都会だ」と驚きます。これは「東南アジアはまだ発展途上である」というイメージのためだと思いますが、これと同様にベトナムのエンジニアについても、優秀さに驚かれる方はとても多いのです。

まずは、海外に優秀なエンジニアが多く存在することを体感していただければ、自然と意識が変わるはずです。

かつてはオフショア開発を行う場合、自分たちでベトナム法人を設立するなど、大きなリスクとコストを伴う取り組みが必要でした。しかし現在は、現地の情報をより手軽に収集することができるため、ハードルは下がっています。

この新しいアプローチを活用して海外の優秀なエンジニア人材の力を活用し、成長することが可能です。

もちろん、オフショア開発には失敗するリスクもあります。そこで次章からは、海外人材を活用するオフショアの基本知識やリスク、成功させるためのポイントを、実際にオフショアを行う企業の事例をもとに具体的に解説していきましょう。

第2章

なぜ、大多数のオフショア開発が失敗するのか？

オフショア開発の始まりと変遷

第1章でお話ししたように、国内でエンジニアを採用することが非常に難しくなっている一方で、海外エンジニア人材を活用する基盤はだんだん整いつつあり、オフショア開発を始める企業は増えています。

オフショア開発とは、開発コストの削減やＩＴ人材の確保、生産性の向上を目的として、海外の開発会社や人材、リソースを活用する開発手法であり、日本に比べて物価や人件費が安価な海外のＩＴ人材・リソースを用いることです。

まずは、オフショア開発がどのように広まっていったかを簡単に振り返ってみましょう。

オフショア開発の始まりは、１９６０年代から１９７０年代にさかのぼります。

この頃、欧米を中心とする先進諸国が、開発途上国でシステム開発などのIT業務を行うようになりましたが、日本では1980年代にオフショア開発が始まり、大企業が中心となって人件費の安い中国でシステム開発を始めました。そして大企業から中小企業に広まり、2000年代にはコスト削減を目的として多くの企業がオフショアを始めたのですが、うまくいった企業はごくわずかでした。ほとんどが失敗に終わり、手を引いたのです。

なぜ、大多数のオフショア開発が失敗したのか？　それは海外エンジニアの質に問題があったためと考えられます。当時のオフショア開発は、人材面でも制度面でも相手国の受け入れ体制が不十分だったため、エンジニアの経験もまったく足りておらず、「安かろう悪かろう」の代名詞でした。

しかし、オフショア開発が本格的に行われるようになって約20年が経過した今、多くの成功・失敗の事例やノウハウが蓄積されています。さらに、東南アジアを中心として国家レベルでIT人材育成を強化するようになり、エンジニア人材の層が厚くなってきたという背景も、追い風になっています。

オフショア開発普及の要因

かつてオフショア開発の主要国は中国でしたが、中国の経済成長と人件費の増加、アジア諸国の教育レベルの上昇・ＩＴ人材の習熟に伴い、２０００年代からは中国以外のアジア諸国――ベトナムやインドネシア、インドにシフトしつつあります。さらに２０２０年代に入ると、特にベトナムの成長が目覚ましく、日本企業による活用や進出が急増しています。

ベトナムをはじめとする主要なオフショア開発国では、創業から10年以上経過して十分に成熟したオフショア開発会社が多数あります。ベテランのプロジェクトマネージャー（ＰＭ）やＩＴエンジニアが大勢在籍し、最近では大手のオフショア開発会社で経験を積んだプロフェッショナルたちが独立し、新しいオフショア開発会社を立ち上げる動きが見られます。

また、オフショア開発が一般的になったことで、ネットや書籍でオフショア開発に関する情報を簡単に得られるようになりました。現地のオフショア開発会社に直接コンタクトを取ることも容易になり、オフショアの環境が一気に整ってきたといえるでしょう。

日本人がリモート開発に慣れてきたことも、オフショア開発が広まった要因のひとつです。

現に、コロナショック以前はほとんどの日本企業が「直接、顔を合わせて開発したい」という要望を持っていましたが、最近ではＷＦＨ（Working From Home）が日本企業にようやく浸透し、「オンラインでかまわない」という日本企業が急増しました。エンジニアはフルリモートで業務を進め、コミュニケーションはチャットやオンライン会議で行うというのがオフショア開発の一般的なスタイルなのですが、日本人もやっとそれに追いついてきたようです。

リモートワークを支援するツールも発達し、特にソフトウェア開発などのIT業務の進化は目を見張るものがあります。これによって「地理的な距離の遠さ」「直接顔を合わせられない」といったオフショア開発のデメリットが解消されつつあることも、オフショア開発が進んでいる大きな要因となっています。

オフショア開発の最新動向

読者のみなさんのなかには、オフショア開発の最大の目的をコスト削減だと考える方がいるかもしれません。しかしデジタル化が進むなかで、**グローバル規模でのＩＴ人材不足のソリューションとしてオフショアを活用する企業が増えています。**

たとえば、数年前まではオフショア開発で先端技術を扱う企業は珍しかったのですが、現在は多くの企業が取り組んでいます。

わかりやすい例でいえば、２０２２年にOpenAI社のChatGPTリリースが話題となりましたが、ＡＩ開発などの先端技術への注目はますます高まっています。ＡＩ開発は、オフショア開発企業も注力していく領域となるでしょう。

ＡＩ開発におけるオフショアの活用は、２０２２年には数％程度の割合でしたが、２０２３年には10％弱までシェアを拡大しています。これからどんどん拡大していくのは明らかであり、ＶＲ・ＡＲ開発やブロックチェーン開発も相談割合が増加しています。

そんな状況において、日本国内では先端技術に通じたエンジニアが特に不足していますから、オフショア開発活用の可能性は広がっていくでしょう。現に私たちの会社でも、ＡＩやブロックチェーンなどの先端技術の開発案件は全体の40％を占めています。

既に多くのオフショア開発各社は、このようなニーズに対応するために動き出しています。

特にベトナムでは、先端技術にも対応できる企業が増えています。というのも、ＡＩやブロックチェーン、ＩｏＴなどへの取り組みは、優秀な若手人材のモチベーション向上に繋がっているからです。

優秀なエンジニアは、先端技術の実績やスキルを身につけたいと考えるもの

です。ですからオフショア開発会社は、エンジニアに自社で働くメリットを提供するためにも、先端技術に積極的に取り組んでいるわけです。

オフショア開発を目指す企業は3パターンに分かれる

昔からオフショアを実施している企業やメガベンチャーなどの大企業は、自社でオフショア拠点を設立します。自前で用意したほうが、コスト削減やノウハウ蓄積の観点で効率がよいからです。具体的には、マネーフォワードやLINEヤフー、ラクスルなどが挙げられますが、最近ではキャディがベトナムにオフショア拠点を設立しています。

それでは中小企業はどうかといえば、私たちのもとに相談に来られるクライアント企業を見ると、**①オフショア未経験の中小企業、②過去にオフショアに失敗した経験があり再挑戦する中小企業、③オフショア未経験でこれから始めたいスタートアップ**に大きく分かれます。

ここで、それぞれの企業がオフショア開発を目指す背景や課題を見てみましょう。

①オフショア開発未経験の中小企業の場合

オフショア開発未経験の中小企業は、クライアント全体のうち2〜3割ほどという印象です。この種の企業がオフショア開発に最も期待しているのは、コストの削減です。

第1章でお伝えしたように、日本では人材派遣会社に月額80万〜100万円を支払っても、優秀な人材はなかなか得られません。さらに、人材会社を通すと採用時に年収の30〜35%ものコストがかかりますので、これを避けたい意図もあるでしょう。

つまり、成長を追求するよりも、採用コストを下げたいというニーズが強いわけですが、**エンジニアに対してお金をかけたくない、少しでも安いエンジニアを採用したい、という意識が強くあります**。また、**大きな変化を好まず、多重下請け構造が常態化しているという傾向も影響している**ように思います。

②過去にオフショアに失敗した経験があり、再挑戦する中小企業の場合

この種の企業も全体の2～3割くらいかと思いますが、**かつてオフショア開発に失敗した要因としては、主としてオフショアする国の環境に問題があったか、あるいはその企業の仕事の進め方自体に問題があったか、の2つが考えられます。**

前者のオフショアの相手国の問題というのは、相手国のエンジニアのスキルレベルやオフショア会社の採用力の問題です。

オフショア開発がブームになった2010年代、東南アジアのエンジニアのレベルはまだ未熟でした。現在のベトナムでは、ジュニア、ミドル、シニア、テックリード、プロジェクトマネージャー（PM）などがうまくピラミッド構造を成していますが、2010年代のベトナムは政府がIT強化国を目指し、エンジニアの育成に力を入れ始めたばかりの頃でした。ジュニアレベルのエンジニアが大半で、経験のある優秀なエンジニアが不足していた状況でした。

また、現地のオフショア会社の採用力や受け入れ体制も未熟でした。そのため必要な人材が得られず、苦い失敗経験となった企業が多いのでしょう。

もうひとつの「仕事の進め方の問題」については、要は日本企業のプロジェクトの管理方法に問題があったように思います。実は、**日本的な仕事の進め方はオフショア開発に適していないことが多い**のです。

たとえば日本では、役割分担を曖昧にしたままプロジェクトを進めるケースがよく見られます。しかしそれぞれの役割を明確にしなければ、「誰とコミュニケーションを取ればいいのか?」といった混乱が生じてしまいます。するとコミュニケーションにかける時間が無駄に増え、製品の品質や納期に影響を与えることになります。

私たちの経験から言っても、分業を苦手とする日本企業は少なくありません。そもそも採用において、総合職を優先して専門職の採用が少ないのですから、権限を明確に分けてチームを形成するのは困難でしょう。その結果、**「なんとなく気づいた人がやる」という状況になることもしばしばで、これが効率的なプロジェクト運営や品質の向上において大きな課題となる**のです。

また、日本側にＩＴプロジェクトの管理経験のある人材がいない場合もあり、すると当然、プロジェクトをうまく管理できず、失敗してしまうわけです。

③オフショア未経験でこれから始めたいスタートアップ

私たちのクライアントの約５割がこのタイプです。スタートアップはその仕組み上、最初は赤字を出してでも先行投資をします。第１章でもお話しした通り、事業のスピード性を最重視しているからです。

スタートアップは資金調達をしながら成長していくため、常に投資家の厳しい目にさらされています。商品を開発し、目標数のユーザーを獲得し、売り上げを作るなど、時間軸が明確に決まっているので、コスト削減はもちろん大事ですが、スピードを犠牲にしては資金を調達できず、それは市場からの退場を意味します。

このようにスタートアップには、「成長に繋がる人材を採用しなければならない」という切実なニーズがあるので、判断や決定が迅速で、意識の変化も早いという特徴がありますが、優秀なエンジニアをどんどん採用したくとも、日本での採用は長期化する傾向にあります。一般的な採用市場では、「通年で採用枠を出しておき、よい人材から応募があればラッキー」くらいの考え方をするものですが、速さを重視するスタートアップであれば、そんなことは言っていられません。**「絶対にエンジニアを雇わなければならない、それにはタイムリミットがある」という状況ゆえに、「自然に成長していけばいい」と考える中小企業とは、切実さや危機感、スピード感が大きく異なるのです。**

オフショア開発の仕組み ――「請負契約」と「ラボ型開発」

オフショア開発の契約形態には、**請負開発**と**ラボ型開発**があり、どちらが適切かは、プロジェクトの中身によって変わります。

それぞれの特徴を挙げてみましょう。

①請負契約

請負契約とは、受託側が製品開発の責任をすべて負う契約形態を指します。**作成するものが明確で仕様が完全に決まっており、そして納期が明確な場合に適しています。**

また、請負契約には瑕疵担保責任があります。これは、納品した製品に不具合があった場合、委託先の企業が責任を負うことです。つまり、不具合の修復コストは受託側が支払い、その不具合により損害などが発生したときには、賠償責任を負います。**プロジェクトをマネジメントできる人材がいない場合も、丸ごと任せられる請負契約のほうが合っているといえる**でしょう。

さらに請負契約においては、**決められた仕様の商品を決められた納期に納入できれば、開発をどのように進めるのかは受託側の裁量で決めることができます。**たとえば、どのエンジニアをアサインするか、そのエンジニアが働く場所や労働時間について、発注側が口を出すことはできません。

「要件が明確になっている」「短期間のみ発注したい」といったケースで選択

されることが多いこの契約形態では、ウォーターフォール型と呼ばれる開発方法が採られることが一般的です。

ウォーターフォールでは、最初に仕様やスケジュールを細かく定めたあと、1工程ずつ段階的に製品の完成を目指します。要件や仕様をあらかじめきちんと決めて製品を作るだけというこの手法は、効率よく高品質の製品を作ることができるとされ、請負開発に適しているといえるでしょう。ただしその一方で、途中での仕様変更に弱いというデメリットがあります。

◆請負契約のメリット

・受注者に納期や品質の責任を持ってもらえる
・要件定義が明確にできた場合はコミュニケーションのコストが発生しないなど

◆請負契約のデメリット

・要件定義を提示しなければならないこと

・仕様変更が発生すると追加費用がかかる可能性が高い
・開発に直接関わらないため自社の経験にならない
・優秀なエンジニアを確保することができない　など

②ラボ型契約

ラボ型開発は、近年増えている契約形態です。ラボ型開発では、海外のエンジニアで構成される専属チームを一定期間確保し、委託元の指示に従ってシステム開発プロジェクトを進行させます。この開発スタイルは「オフショア開発センター（ＯＤＣ）」とも呼ばれます。

請負契約は、極端にいえば「成果物さえ納品するなら、仕事のやり方は任せる」という方式であり、契約時に成果物が厳密に定義され、後からの変更は基本的には不可能です。つまり請負契約は「仕事の成果」のみに報酬が発生するのですが、これに対して**ラボ型開発は「準委任契約」という形態で、「仕事の実施」を契約内容とします。**そのため、**「成果物」ではなく「業務」や「行為」に対して報酬が発生します。**

ラボ型開発では3ヶ月から1年程度の期間で人材が確保されますが、人材に何をさせるかは自由で、プロジェクトの進捗状況に応じて開発内容を変更することができます。ですから、**ラボ型開発においては、開発途中で仕様が変更になっても追加の費用が発生しません。**契約期間内であれば、開発リソースを自由に活用できる方式なので、想定外の出費を抑えることができます。

そしてラボ型開発の場合、外部の優秀なエンジニアを必要な期間、必要な人数だけ確保できます。請負契約だと途中で人員を変えるのは請負先の裁量ですが、ラボ型開発では同じメンバーを固定することができるのです。**同じメンバーを確保することで、担当エンジニアの習熟により開発業務の品質を向上させ、自社に開発のノウハウを積み上げることができる**というメリットがあります。

ただしラボ契約では、委託元が主体となって開発プロジェクトをマネジメントする必要があります。請負契約に比べてマネジメント負担が大きくなり、業務に慣れるまではある程度メンバーに細かく指示を出す必要があります。

さらに、開発プロジェクトが早期に終了して依頼する仕事がなくなっても、契約期間中は最低保証分として報酬を支払わなければなりません。そのため、**契約期間中は人材を最大限活用するための計画が不可欠**です。

ラボ型開発では「アジャイル型」と呼ばれる手法がよく用いられます。簡単にいえば、粗くとも早く作ってリリースし、プロトタイプを作成して改良を加えて完成させるというスタイルです。プロトタイプの評価を見ながら開発を進めるので、最終製品は当初想定していたものと異なることもありますが、テストを繰り返して開発するため、マーケットに受け入れられやすいという特徴があります。

最近の社会の変化はめまぐるしく、事前に仕様をがっちり決めるよりも、反応を見ながらのほうが開発を進めやすい面があり、これがアジャイル型開発が増加した要因となっています。

◆ラボ型開発のメリット
・契約期間終了までエンジニアを確保できる
・仕様変更・修正などに柔軟に対応できる
・自社で経験・ノウハウを積み重ねられる　など

◆ラボ型開発のデメリット
・チームビルディングに時間を要する
・チームの維持にコストが発生する　など

＊

請負契約とラボ型開発のどちらかを選ぶ際は、それぞれの特徴を考慮してプロジェクトに最適な開発方式を考えることが大事です。ただし、私たちも請負開発とラボ型開発の２種類のサービスを提供していますが、プロダクトサイクルが短くなっている昨今では、ラボ型のほうが適している場合が多いです。

オフショア開発エリアの最新動向

オフショア開発を行うエリアとしては、アジアでは特に**インド、ベトナム、インドネシア**の3つが注目されています。ここではさらに中国を加え、それぞれのエリアの動向を詳しく見ていきましょう。

①インド

インドはそもそも人口が多い国ですから、アジアで最もエンジニアの数が多いという特徴があります。英語圏なので、**主として欧米にエンジニアを多く供給しています。**また、**インド人のITエンジニアは高い技術力で知られており、最近ではGoogleやMicrosoftなどの世界的なIT企業のCEOをインド人が務めるケースも増えています。**

ただし、日本がインドを活用するには難しい面があると私は考えています。

先述の通り、インドは欧米向けのオフショア開発拠点として発展してきた歴史がありますが、それは言語的な面のみならず、性格的にも欧米企業と相性がよいという背景があります。たとえば、インドでは「信頼関係に基づく業務」よりも「厳格なルールや契約に基づく業務」が求められるので、日本人にはやりづらい部分があるかもしれません。欧米的な文化を持つインドの人々は、日本の仕事の進め方に合わせようとはしないのです。また、言語は基本的に英語ですから、英語を苦手とする人が多い日本企業にとっては、大きなフラストレーションになる可能性があります。

さらに、インドの採用コストは、日本企業が国内エンジニアを採用するのと同じく80万~100万円というレベルです。日本企業は海外エンジニアに対する採用コストを抑えようとしますが、欧米企業は十分に高い単価を支払って獲得しようとしますから、日本企業が対抗するのは難しいでしょう。

②ベトナム

これまでに述べたように、ベトナムのエンジニアは高い技術力や言語能力を持ち、日本企業に人気のあるエリアとなっています。**日本との文化的な親和性からマネジメントが比較的容易であり、日本と地理的に近い位置にこのような国があることは、日本にとって非常に有利**といえます。

既に述べたように、採用コストが日本の半分程度というのも魅力です。また、ベトナムは10年以上にわたる開発実績を積み上げていることから、日本向けのオフショア開発サービスを提供する開発会社が多くあります。

③インドネシア

インドネシアは、ベトナムと比較するとエンジニアの数自体は少ないのですが、国内のスタートアップやＩＴ企業の数が多いという特徴があります。ただし、そのため**インドネシアでは海外企業よりも国内での採用競争が激しくなっています。**

採用コストはベトナムより少し高い水準で、大体10％から15％程度高いという状況です。

④中国

かつて日本のオフショア開発先として一般的だった中国では、オフショア新規発注シェアが年々減少傾向にあります。2022年頃から国内のカントリーリスクの増大と単価の上昇が顕著で、ベトナムや他の国へのシフトが加速しているからです。

とはいえ、既に中国のオフショア開発企業を利用している企業は多いため、市場規模自体は依然として大きく、日本国内の企業に在籍する中国人エンジニアを中心にオフショア開発を行い、コミュニケーションを円滑にしている企業も多々見られます。また、グローバルにビジネスを展開している企業の多くは中国に拠点を持っており、それらの既存拠点との連携を視野に入れ、中国オフショアを検討するケースもあるでしょう。

中国の技術力は、バイドゥやアリババ、テンセント、ファーウェイ（BATH）に代表されるように、日本を凌ぐといわれます。中国企業でしか開発できない案件も増えており、**コスト削減が目的というよりも、グローバルな開発体制を構築する手段としてオフショア開発がなされるケースもありますが、それ**

に伴って単価の上昇が著しく、場合によっては日本国内以上の単価となることがあります。

*

総括すると、全体的には中国から東南アジアへシフトする傾向がありますが、企業によっては中国が最も有望なオフショア先である場合もあるでしょう。カントリーリスクや単価の高騰を踏まえ、中長期的な視野で判断することが大切です。

このほか、バングラデシュやミャンマーなど新興のオフショア開発国も台頭していています。ただ、技術力やエンジニアの数において他の国々に比べて未熟であり、政情やインフラの不安の問題が多いため、この4つのエリアには届いていない印象がありますが、ＩＴ業界やオフショア開発業界は変化が大きいので、これらの国の動向にも注目しておきたいところです。

オフショア開発の3つの壁

①日本独自の問題

オフショア開発が失敗する要因には、主として3つがあります。

まず、日本側におけるマネジメント人材の不足の問題があります。多くの企業では、海外人材の採用以前にプロジェクトがうまく回っておらず、具体的には開発体制や開発ルールが整備されていない、明確な役割やコミュニケーションラインが決まっていない、などの問題が見られます。第1章で述べたように、**海外のエンジニアを活用して、プロジェクトがうまく回るか否かは、海外対応をうまく行えるかどうかではなく、日本国内でプロジェクト運営自体が適切にルール化されているかどうかが大きく関わっている**のです。

たとえ日本人同士の協力によりプロジェクトがうまく回っているように見えても、海外人材を採用することで問題点が明らかになることもあります。欧米や東南アジアでは、グローバルスタンダードの方法でプロジェクトを進行しますが、それは日本企業からすれば特殊なやり方と取られることも多く、**オフショア開発を導入することで、世界標準からずれている現状を認識するきっかけとなる**でしょう。国際的なプロジェクトマネジメントの方法を理解し、適応することが大事です。

また、「コストメリットがありそうだから」という理由だけでオフショア開発に臨んでいる企業は、海外エンジニアとのコミュニケーションが予想以上に難しく、結果として期待通りのプロダクトの質が得られずにオフショア開発を途中であきらめてしまう、ということが少なくありません。

日本企業は、細かく慎重を管理するマイクロマネジメントや毎日のミーティングなど密なコミュニケーションを好みます。しかし海外では、このようなアプローチは一般的ではありません。たとえば、コードレビュー時にコードを見ながら細かな指摘をするというのは、日本の現場でよく見られることですが、海外が関わるプロジェクトでは物理的に離れた場所で作業しているため、難しいものです。

最近は日本でもリモートワークが普及していますから、リモートという点では日本と海外とで違いはほぼありません。しかし、日本特有の詳細なコミュニケーションスタイルは、海外とのプロジェクトでは非効率的とされ、逆に誤解を引き起こす原因になることがあります。日本で一般的な細やかなコミュニケーションは、各自の役割やコミュニケーションのルールをしっかり決めておけば、不要になる場合がほとんどです。

つまり、**日本でも海外でも、プロジェクトの成功には適切なコミュニケーションと明確な開発ルールの策定が不可欠**なのです。

私は、コミュニケーションが多いというのは、プロジェクトがうまく進んでいない証拠だと考えています。

たとえば、１日のSlack上での発言数が多すぎるのなら、納期直前など特別な理由がなければ、何か問題が生じていると判断できます。その場合、細かすぎたり無意味だったりする質問が多発している可能性もあります。このようなときには、リーダーが介入して質問の必要性を確認する必要があります。

「海外人材は、遠慮なく意見するものでは?」と考える人もいるかもしれませんが、私がベトナムのエンジニアと関わってきた経験からいえば、ベトナムのエンジニアには日本人と同じく、直接的に意見を言いづらいという傾向が見られます。不満があっても相手に伝えることができず、突然の退職という形になって現れることもしばしばで、そのような事態を招かないためには、事前に話をしっかり聞き、不満や問題点がないか確認しておくことが重要です。

これはベトナムのエンジニアに限った話ではなく、欧米やインドのエンジニアにしても、上司と信頼関係がある場合は直接的に意見しますが、信頼がなければ黙って辞めてしまうのです。

では、エンジニアと信頼関係を築くためにはどうすればいいか?——それには、**プロジェクトを管理する側がエンジニアの意見を尊重し、集中できる環境を作ること、そしてそのためのルールの作成、仕事の成果への適切な評価を行うことが大切**です。各メンバーの役割を定義し、それぞれがやるべきことをはっきりさせれば、無駄なコミュニケーションを減らし、プロジェクトを効率的に運営できるようになるでしょう。

具体的な策としては、コードへのコメントの記載方法やアテンションのつけ方、異常時の通知ルールを定めておく、などが挙げられます。異常時のルールとは、エラーが生じたときにその影響度を定義して、レベル1なら直属のプロジェクトマネージャー（PM）のみ、レベル2ならPMも含めて連絡するなどです。これで通知先に悩むことや、無駄な情報で煩わされることがなくなります。

また、開発の基本的な流れについては、テスト駆動開発が採用されることが多く、上流でエラーを防ぐための仕組みが必要です。

エンジニアが求めるツールはできる限り導入する、勤務を柔軟化するなど、エンジニアが気持ちよく働ける環境を整備することも大事です。たとえば、上流の工程ではやり取りが発生することが多いため、勤務時間や場所を指定することがあると思いますから、出社したほうが効率的かもしれません。一方で、下流工程や開発進行段階ではコミュニケーションが少なく、リモートワークでも十分に対応可能です。それぞれの工程で最も効率的な方法を見出したうえで、勤務時間や勤務場所に柔軟性を持たせれば、エンジニアのストレスは軽減できるでしょう。

海外のプロジェクトでは、文化的な違いを考慮したコミュニケーション方法の選択も重要になります。たとえば、「時間を守ること」の重要性は、国によって異なります。日本は時間に対して極端に厳格なので、同じことを海外の人材に求めようとすると、まず失敗するでしょう。**この文化の違いを理解して、エンジニアが快適に働く環境を整えれば、プロダクトの質は自然と上がるはずです。**

オフショア開発の3つの壁 ②スキルの問題

2つめの失敗要因としては、エンジニアのスキル不足やスキルミスマッチがあります。

エンジニアの採用はどんどん難しくなっていますが、なかでも上位のエンジニア人材の採用は特に厳しく、フレッシャー、ジュニア、ミドル、シニア、テックリード、ＰＭとスキルレベルが高くなるにつれ、採用が難しくなっていきます。これは日本でもベトナムでも同じです。

現に、日系のオフショア企業の多くは、シニアレベル以降の採用がほぼできません。ジュニアやミドルレベルのエンジニアでプロジェクトを回そうとする場合もあり、これがプロジェクトの失敗に繋がっているケースが多いのです。**スキルのマッチングを考慮せずにエンジニアを採用すると、逆にオーバースペックな人材を雇用してしまい、無駄なコストが発生したり、早期の離職に繋がったりする**のです。

プログラム言語などスキル面でも、ミスマッチが発生することがあります。エンジニアにはそれぞれ、言語の得意不得意があります。たとえ優秀なエンジニアでも、不得意な言語では成果を上げるのは難しいものです。１００メートル走の選手を５０００メートル走に出場させても、結果は期待できません。

採用時に十分な人数を比較できなければ、個別のスキルに配慮できず、経験年数だけで判断するような状況に陥ります。適切なエンジニアを見つけるためには、豊富なデータプールが不可欠なのです。

また、エンジニアとして優秀でも、特定の役割には向かないというケースもあります。この意味でも、**エンジニアに求める役割を明確にすることが重要で、PMとして管理する人、コーダーとしてプログラムを書く人など、エンジニアの役割をはっきり認識したうえでマッチングさせなければ、プロジェクトはうまく回りません。**役割が不明瞭なままで「気づいた人が担当する」という体制は、海外をまたぐプロジェクトでは決して通用しないのです。

日本企業の大半は、「総合職」という考え方からもわかるように、分業が苦手です。この日本人的な曖昧さは、オフショア開発において大きな問題となります。つまり、総合職（＝広い役割を求める）ではなく専門職（＝役割を明確に定める）として採用すること、そして権限を分担することが、オフショア開発成功のカギになるでしょう。

エンジニアに求める役割が不明瞭であれば、スキルレベルを明確にすることもできません。**プロジェクトのベストプラクティスを提案し、初期段階でチー**

ムに衆知させること、つまりこのプロジェクトではどんな能力が必要で、どんな基準で評価されるのかをはっきりさせておくことが大切です。これによって、役割や成果の評価におけるメンバーからの不満を防ぐことができます。

オフショア開発では、ゼロからのシステム開発というのは珍しく、よくあるのは既存のプロジェクトへの追加開発です。この場合、日本側で長期にわたって開発されてきたシステムに、海外のエンジニアが加わることになりますが、日本側がプロジェクトのドキュメントを残していない場合、新しく参加した海外のエンジニアがシステム全体を理解し、影響範囲を見逃さないようにするのは難しくなります。

ここで、あるゲーム会社のプロジェクトの例をお話ししましょう。ロングセラーのスマホゲームに、週に一度行われる特定のガチャイベントの実装をしようというのがプロジェクトの内容でした。当初は簡単だと思われたのですが、新機能の影響範囲が思ったよりも大きく、既存のシステムの多くの部分に手を加える必要が出てきました。既存の製品への機能追加では、このような問題がよく生じます。これはオフショアでなくても同じことですが、こうした際にはドキュメントをしっかり残しておく、それも英語で準備しておく必要があります。

ちなみに、「英語の壁」は多くの日本企業が不安に感じていると思いますが、実際はＩＴ業界においては、さほど大きな問題にはなりません。私は、エンジニアリングは言葉を超える分野だと考えています。たとえば、接客サービスでは会話が不可欠ですが、エンジニアリングはプロジェクト管理がしっかりできていれば、それほど多くの会話は必要ないのです。

現に、設計書や進捗管理ツール、コード、バグなどが明確に共有されていれば、コミュニケーションは最小限で済みます。しかし、そうしたルールがなければ会話は増え、「これをどうするのか」「こうしてください」というやり取りが頻発します。こうなってくると、たしかに言語の問題は大きくなるでしょう。そう考えると、やはりプロジェクト管理やルール設定が重要なのです。

オフショア開発の3つの壁 ③ブリッジSEの不足

ブリッジSEとは、プロジェクトマネジメントができ、日本語を話せる優秀な海外エンジニアです。プロジェクトが進行するなかでは、ときおりエンジニアとのコミュニケーションが必要な状況が発生しますが、発注側の英語レベルを上げるより、ブリッジSEを活用するほうが効率的です。つまり、コミュニケーションはこのブリッジSEに集中させるのです。ブリッジSEが適切に機能していれば、委託相手のエンジニアの言語能力は、ほとんど問題になりません。

私は、ブリッジSEの存在はプロジェクトの成否に大きく関わると考えていますが、このような人材は決して多くはなく、**優秀なブリッジSEが不足していることがオフショア開発の最も大きな壁といえるでしょう。**

ブリッジＳＥの役割はコミュニケーションですが、単に言語が流暢なだけでは不十分です。

日本人が通訳に入る場合、語学が堪能であっても単に言葉を羅列するだけという人が多いのですが、このタイプの人は会話の目的を理解して、誤解がないように簡潔に伝えることができないケースが多いのです。しかし**優秀なブリッジＳＥなら、そのプロジェクトの目的や背景、それぞれの民族の文化性まで理解してコミュニケーションを行うので、プロジェクトをスムーズに進行させることができます。**

たとえば、日本から送られてくる仕様に問題があることがあります。通常、請負契約のプロジェクトでは、仕様に問題があることに気づかれず、そのまま作業することが一般的です。しかし一例として、私たちと一緒に仕事をする優秀なブリッジＳＥが、あるユーザーにデータ編集権限を付与する指示を受けたとき、仕様に抜けている変更項目を指摘して修正案を提示したことがありました。このブリッジＳＥがいなければ、仕様の指示通りに作ってプロジェクトを進め、いずれは手戻りしてしまい、非効率になったでしょう。これはかなりレベルの高い人材の話ですが、言葉やプログラミングだけでなく、製品の目的にも配慮できるエンジニアが理想的です。

個々のエンジニアは指示されたことを遂行しますが、その指示に対しておかしいと感じることがあっても、その範囲や影響を完全には把握できないものです。そこで全体を統括し、影響範囲を考慮するブリッジＳＥの存在が重要となるのです。

ブリッジSEはコミュニケーションを円滑化するという役割のほか、エンジニアのコミュニケーションを減らすという役割があります。

日本の開発現場では、エンジニア同士が直接やり取りしてプロジェクトを進める場面が多く見られます。しかし、プロジェクト全体像を理解していなければ全体最適ができないし、断片的な知識しか持っていないので、その都度上司に確認するなどの無駄なコミュニケーションが増えます。これが生産性を低下させる要因となっています。

ですから私たちの場合、ベトナムと日本のエンジニア間の交流を基本的に行いません。ブリッジSEにコミュニケーションの役割をほとんど任せています。

オフショア開発では、業務のやり取りや全体像が見えないことですり合わせが発生するなど、無駄な工程が多く発生しがちですが、このコミュニケーション上の無駄を排除して個々のエンジニアが集中できる環境を作ることが、ブリッジSEの役割です。つまり、コミュニケーションの最適化が効率のよいプロジェクト運営のカギで、そのカギを握るのがブリッジSEであり、彼らの能力がプロジェクトの成否に大きく影響するといえるでしょう。

優秀なオフショア会社の条件

オフショア会社が優秀な人材を集められるかどうかも重要です。

オフショア会社は、人材プラットフォームや広告を使ってエンジニアを地道に集め、探したエンジニアを採用して人材データベースを作り上げます。この方法は、日本のオフショア会社でも海外のオフショア会社でも基本的には変わりませんが、ベトナムではリファラル（紹介）という方法が採られることもあります。ここで問題となるのは、エンジニアをキープしておくためにはコストがかかるという点です。

エンジニアを自社のプロジェクトにアサインしている期間は、彼らに給料を支払わなくてはなりません。それを避けるためにプロジェクトの開始直前にエンジニアを募集しても、よい人材がすぐに採用できるわけではなく、優秀な人材を採用するためには準備など時間がかかるものです。

日本のオフショア会社の多くは採用力が乏しいため、クライアントの会社のプロジェクト開始時期に優秀なエンジニアを採用できず、経験の浅いジュニアメンバーが多くなる傾向が見られます。

一般的なオフショア会社では、新しいプロジェクトに自社の空いているエンジニアをアサインします。プロジェクトにアサインされていないエンジニアがいると、それだけオフショア会社の財務的な負担が増すからです。しかし、そのエンジニアがプロジェクトの業務内容に対して適性を持っているかといえば、必ずしもそうではありません。

たとえば、１００人しかエンジニアがいない会社では、最適な人材をプロジェクトにアサインするのは困難でしょう。80人のエンジニアが既存のプロジェクトにアサインされているとして、残りの20人の中に新しいプロジェクトに適した人材がいる可能性が低いということは、自然とわかるかと思います。

一般的に、人材会社が利益を上げるためには、１００人中70～80人程度は稼働している必要があります。すると、スキルや特性がマッチしないエンジニアを無理にプロジェクトにアサインさせるケースも起こり得ます。オフショア会社は、依頼が来ると自社の人材データベースの中から、プロジェクトにアサインされていないエンジニアを選びます。スキルが合っていないからといって、外部から人を探してくることは難しいですから、こうして最適なマッチングとはいえないアサインになってしまうのです。

さらに実際の開発現場では、リプレイスが必要なシーンも多くあります。

特にプロジェクト開始後の半年間は問題が起こりやすく、コミュニケーション不足や初めてオフショア開発を行う企業のリテラシー不足など、さまざまなトラブルが考えられます。プロジェクトがある程度進行してからも、エンジニアのモチベーションの低下やメンテナンス作業の得意不得意の問題、進行に伴う状況の変化などから、企業側にとってもエンジニアにとってもリプレイスが最善の選択となる場合があります。

しかしそのような状態であっても、アサインされたエンジニアのスキルが不十分でも、クライアントがリプレイスをお願いするのは難しいものです。前述したように、オフショア会社の人材データベースで選べる人材は限られているからです。

私たちの場合は、クライアントや開発チームとの定期的なミーティングを行い、進行中のプロジェクトの人員について議論します。実際に、ある先端技術の開発プロジェクトで、開始当初は「ベトナムのチームには、保守はできても開発は難しい」と考えていた案件がありました。しかし、仕事を進めるうちにベトナムのエンジニアが高い技術力を持っていることが判明し、特別な先端技術チームを組成したことがあります。こうした経験からも、私は、プロジェクト開始後でも最適化を行い、必要に応じてチームの構成を変更する必要があると思っています。

人材の問題が発生した場合は、ディレクターやＣＴＯが解決策を提案します。場合によってはパフォーマンスが低下している人材の交代、新しい人材の追加といった提案も行います。つまり、プロジェクト進行中に、人材を最適に活用し、モチベーションを高く保ち、スキルを最大限に活かす管理や仕組みが不可欠なのです。

日本では、リプレイスメントがネガティブに捉えられがちですが、弊社ではそれが双方にとってのベストソリューションと考えています。

つまり、**優秀なオフショア会社に必要なものは、優秀なエンジニアを集める能力と、体制作りのノウハウ**です。クライアントの要件に応じたエンジニアをアサインできるかどうかが、オフショア会社の腕の見せどころといえます。

オフショア開発を成功に導くために

ここまで、オフショア開発における問題点や失敗の要因をさまざま解説してきました。私は、こうした問題点を解消するためには効率的な採用ソリューションを実現することが不可欠だと考えています。

「効率的な採用ソリューション」とは従来の属人的なアプローチではなく、強い採用プラットフォームを使った採用を行うことです。

たとえば、Javaのエンジニアを探す場合に、Javaのエンジニア向けに仕事を掲載して狙い通りの人材を集める、といったアプローチです。そのような人材プラットフォームに情報を載せ、応募を待つ形でエンジニアを採用すれば、エンジニアのスキルや経験のミスマッチも少なくなります。そしてエンジニアを募集する企業は、自分たちの求人ページを持ち、そこで応募状況や進捗を確認できるようにすれば、エンジニアを求める企業もエンジニア市場のスキルや給料の相場感覚がつかめて、効率的に採用が行えるようになります。

もちろんこれは、プラットフォームに多数の人材のデータベースがなければ成立しない話ですが、逆に**そのような強いプラットフォームがあれば、大幅にエンジニアの採用活動を効率化できる**といえます。

また、私たちがオフショアを検討する企業の方とお話しすると、採用費を高額と感じるクライアント、特に初期費用がかかることに抵抗のある企業が非常に多いことを実感しています。そのような企業にとっては、最初は無償で投稿できて、応募者の反応などを見ながら職種や企業に適した採用方法が実現できればいいと思います。そして、どれだけのエンジニアが求人に応募し、採用までにどの程度の時間がかかったか、応募者がどこから来たかなどのデータ分析が可能になれば、必要なスキルの人材がどのような職種に興味を持つのか、どのくらいの給料を求めているのかがわかります。そのデータを活用すると、エンジニアを効率的に採用できるようになるはずです。

そこで私たちfreecracyのプラットフォームでは、個々のユーザーの検索や応募状況を追跡し、その情報を企業に提供しています。採用する企業側は、あるユーザーがどの求人に応募しているか、どのようなレジュメをアップロードしているかなど、求職活動のアクティブさを容易に知ることができます。

このような仕組みによってピンポイントの効率的な採用ができるようになり、企業の投稿が増えます。それに応じてエンジニアの選択肢も広がり、エンジニアの登録数も増えることが期待できます。すると、**プラットフォームがより魅力的になり、さらに企業の投稿数が増える、といったように連鎖反応が起こり、そのプラットフォームに登録するエンジニアが増えていく**のです。

ただし、応募状況は個人のデータなので、個人名つきで提供するのは問題がありますが、具体的な企業名などの個人情報は明示しなかったとしても、代わりにアクティブ率などの統計データを提供すれば、企業側に候補者の意欲や活動の度合いを伝えることができます。すると顧客企業に対してより有用なフィードバックを提供することができ、効果的な採用活動の支援が可能となります。

実際に私たちはこのような仕組みにより、無駄なコストをかけずに優秀な人材が集まるシステムを構築しています。従来の人材派遣会社では、どうしても「今いる人材」の中から選ばざるを得ませんでした。しかし、私たちは逆のアプローチをとります。まず、クライアントからプロジェクトの詳細をヒアリングして、必要な人材の経験やスキルを定義します。そして、ＡＩと専門ヘッドハンターにより、55万人という膨大なエンジニアプラットフォームから、その要件にぴったりの人材を見つけるのです。

こうして私たちのDX studioというラボ型開発のサービスでは、クライアントの要求に即応し、トップ５％の優秀なエンジニアを集めた、プロジェクトに最適なチームを素早く構築することができるわけです。


さらに、ベトナムではエンジニアを含む専門職の人材が就職活動の指導を受ける機会をあまり持ちません。ですから私たちは、高いスキルを備えたエンジニアがよりよい職業機会が得られるよう、ＩＴの領域における職種についての情報や、履歴書作成に関する情報をエンジニアに提供しています。

これによって、求職者はよりよい履歴書作成ができるようになり、企業へのアピールがうまく行えるようになります。そしてこのサービスがエンジニアの中で評判となり、さらに登録数を増やすという好循環も起きています。

ほかにも、先に述べたように、ほとんどのオフショア会社ではエンジニアをリプレイスメントすることができないのですが、プラットフォームの人材データベースが多くなれば可能となります。

実際に私たちの場合、エンジニアは通常の長期雇用に基づいた会社と異なり、1年単位の有期雇用を基本としています。エンジニアがプロジェクトから離脱したい場合には、2ヶ月前の通知が必要ですが、クライアント側からのリプレイスメントが必要なときは、私たちはエンジニアに対し3000件以上の仕事から新しいポジションを提供します。新しい人材の採用も2ヶ月で実現可能で、これは、55万人超という豊富な人材がいるプラットフォームだからこそできることといえます。

もうひとつ、オフショア開発においてはエンジニアの移管ができるのも重要なポイントです。移管とは、オフショアが順調に進み、いずれ自前で子会社などを作るときに、そのエンジニアをそのまま採用できる仕組みです。

オフショア開発を行う企業の目的は、海外エンジニアの採用によってプロジェクトを成功させることではありますが、最終的なゴールは自社や事業を成長させることです。すると、いずれは自社での開発体制を整えるほうがいいはずです。

つまり、**いつか自社で開発を行う方向にシフトすることを考えると、短期間に集中してオフショア開発を活用することは、新たなＩＴプロジェクトの立ち上げや発展期におけるスキルや知見を蓄積するトレーニング期間となる**わけです。特にスタートアップや中小企業にとって、この意義は大きいと思います。

このように、私たちは従来の採用プロセスをＩＴによって効率化し、採用側にもエンジニア側にもメリットがある仕組みを構築する取り組みを行っています。そこで第３章では、私たちがオフショア開発をサポートした実例をもとに、オフショア開発およびラボ型開発を成功させる具体的なポイントを解析していきましょう。

第 3 章

海外エンジニア人材活用の成功法則

海外人材の活用を成功させる3つのポイント

ここまでお話ししてきた内容を踏まえると、オフショア開発を成功させるためには、次の3つの視点が重要です。これはすなわち、オフショア会社を選ぶ基準といえます。

①優秀な人材を集める能力があるか

②企業の属性や状況にマッチするチームメンバーやエンジニアをアサインできるか

③体制作りに関するノウハウを持っているか

①優秀な人材を集める能力があるか

この大前提となるのは、データベースの中に人材の数が十分あることです。第2章でもお伝えしたように、人材の数が少ないと、スキルや経験の合わないエンジニアがアサインされることになります。

たとえば、私たちのDX Studioでは、55万人超のエンジニアのデータベースから適切なレベルのエンジニアを選び、プロジェクトの質を重視して成果を上げやすいチームを組成します。このくらいの数の人材から選べるとなると、「人員ありき」ではなく「プロジェクトありき」の開発となり、適切な人員の採用が可能となります。

さらに私たちは、70人ほどのIT専門のヘッドハンターを有しています。データベースが膨大なので一次スクリーニングは独自AIが行いますが、その後のさらに精緻な二次スクリーニングは、これらの経験が豊富なヘッドハンターが行います。このようなプロセスで適切な人材を選び出し、最終的には1対1での対話を通じて、プロジェクトにアサインする人材を決めます。これは一例ですが、このように人材を集める能力が高ければ、ミスマッチが起こりにくくなります。

②企業の属性や状況にマッチするチームメンバーやエンジニアをアサインできるか

これは、①でも述べた優秀な人材を集める能力が重要になります。さらに、海外のエンジニアの特性を理解しているかも大事です。

たとえば私たちの場合、ベトナムのエンジニアの特性やクライアントの体制を踏まえたうえで、採用方針を修正する提案を行うことがあります。あるプロジェクトのケースでは、当初の想定では日本人PMの下で、英語でベトナム側とコミュニケーションするという計画を立てていました。しかしそれではCTOへの負担が大きいため、ブリッジSEを活用してベトナム語での開発指示に切り替えました。

このように、状況に応じて最適な人材をアサインできると、必要最低限のコストで、社内の負荷を低減させることができます。

③体制作りに関するノウハウを持っているか

これには、会社の課題を分析することが大切です。つまり、自社の状況をよく理解し、何を目的としてオフショア開発を行うのか、それにあたってどんな課題があるのかを、まず把握しなければなりません。

私たちは、初めにクライアントに対し、プロジェクトのヒアリングを徹底的に行います。その内容に基づいてチームを組成しますが、ヒアリングすることでその企業の課題が見えてきます。それが技術的な課題だけではない場合も多くあります。

あるスタートアップのケースでは、その企業のＣＴＯが、技術面だけでなく新しいプロダクトの開発も見ていて、マネジメントに多くの時間を割けない状況でした。そこで私たちは、ビジネス要件をうまくかみ砕いて、プロダクトチームに伝える役割を担うブリッジＳＥを入れることを提案しました。ブリッジＳＥがコミュニケーションを引き受けることで、ＣＴＯがコミュニケーションに煩わされずにビジネスにより集中できるようになります。

この体制変更に伴い、エンジニアのレベルも調整しました。プロジェクトの進行はブリッジSEが行えるので、他のチームメンバーは、管理能力よりもプレイヤーとしての技術力を重視しました。こうして、より技術に習熟したエンジニアをアサインでき、プロジェクトの進行がよりスムーズになりました。

そのほか、クライアント側にプロジェクトマネージャー（PM）がいないことがあります。その場合は、クライアント側のプロジェクトオーナーから直接こちらのブリッジSEに話をするようにする、あるいは請負開発にしてプロジェクト全体を請け負う形で進める、などの方法が考えられます。

実際に、IT部門が弱くCTOの下にプロジェクトマネジメント能力を持つ人がいない、という企業が私たちのもとに相談に来たことがあります。そこで私たちはCTOと直接話し、ブリッジSEが開発のディレクションを全面的に担う体制を構築しました。こうしてCTOにすべてのマネジメント業務が集中することを防ぎ、顧客社内の業務がスムーズに進むようになりました。

また、社内の開発体制が確立していないケースも散見されます。特にスタートアップ企業によく見られますが、このような場合には私たちが開発をリードすることがあります。たとえば、若いエンジニアが中心になっている企業であれば、大きな方針はＣＴＯやＣＥＯと直接話し合って決定し、若いエンジニアにはメンテナンスをメインとして担当してもらい、私たちが新機能の開発を進める、といったように、役割を分担するわけです。

＊

実際のところ、プロジェクトを始めなければわからない部分もあります。最初の数ヶ月は様子を見ながら、役割を見直す期間となるかもしれません。しかしこの３つのポイントを押さえておけば、徐々にプロジェクトがうまく回っていくようになります。

ここで、オフショア開発を成功させるより具体的なポイントを、私たちの成功例から解析していきましょう。

CASE 1

徹底的なヒアリングで、ITに不慣れな建築業界をデジタル化

属性　建設業界・スタートアップ

目的　建設業界の見積もり業務をITにより効率化する

課題　ITに慣れない建設業界への対応

この企業は、建設業界における見積もりの煩雑さを、ITを使って解決するサービスを展開しています。初めてこの業界に入ったCEOが聞いたのは「とにかく見積もりが大変」という声でした。

建設業界は、大手の企業から細分化された多重下請け構造となっており、見積もりが上から下の会社にどんどん伝搬していきます。そもそも各社の見積もりのフォーマットが、エクセルだったりワードだったりPDFだったりと異な

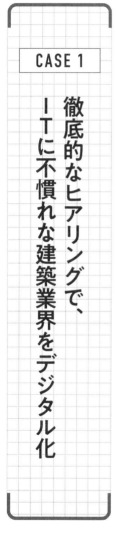

り、同じような建材に見えても内容が少しずつ違ったりします。電子化も進んでおらず、いまだに手書きの紙をＦＡＸで送る企業もあり、人の手が入ることで当然ミスもしばしば発生します。見積もりを依頼した側は、そのようにフォーマットも中身も違う見積もりを見比べて発注先を検討しなければならない、という状態でした。そこでこの企業は、その複雑な見積もりをＷｅｂサービスで統一化されたフォーマットにする取り組みを行っています。

この取り組みで課題となったのは、クライアントのＩＴリテラシーでした。建設業界にはＩＴに詳しくない人が多く、日常的にパソコンを使わない、という人が大半です。業界自体が高齢化していて、スマホすら使えない人も珍しくありません。ですから、ＩＴ製品を作って「この製品を使えば、見積もり提出が楽になります」と言っても、なかなか受け入れられないのです。

徹底的なヒアリングで建設業界を理解する

このような業界では、通常のオフィスワーカーとは異なるアプローチが必要です。そこでこの企業は、発注元の企業から「こういうツールを使った標準的な書き方でお願いします」と指導し、それを下請け企業に伝える仕組みを構築しました。つまり、実際に使う人の教育も含めた対応が必要となるわけです。

このケースで気をつけるべきは、建設業界の方はそもそもＩＴに詳しくないという点です。ですから製品設計について、建設業界の方にＩＴによる課題の解決方法をヒアリングしても、なかなか意見が出てきません。

そのため、建設業界の経験があるこの会社の社長が、「こういうものがあればいいのでは」というアイデアを出します。そのアイデアから、「このようなシステムを作りましょう」という方針を立て、その方針をブリッジＳＥに伝えて開発を進めていきました。

この企業のケースでも、ブリッジＳＥの役割が重要となります。もちろん、ベトナム人のメンバーは日本の建設業界の状況など想像がつきません。多重下請け構造といってもピンとこないし、実際にシステムを使う人がどんな人なのか理解することなどできないでしょう。そのため、私たちはまずこの企業に対して徹底的にヒアリングを行いました。社長は建設業界出身ですし、従業員にも建設業界の営業出身の方が多数いたため、彼らにヒアリングを重ねて得た内容を、私たちからブリッジSEに地道に伝え続け、建設業界やクライアント企業の実情をブリッジSEに理解してもらうように努めました。

開発を始めた当初、この企業のエンジニアは経験豊富ではなく、プログラミングの経験や知識はベトナムのチームのほうが上という状況でした。そのため、ベトナム側からも、「このようなUI（ユーザーインターフェース）のほうがいいのではないか」「データベースの構造はこうしてはどうか」「コンポーネントの共通化を行ったほうが効率的では」といった提案が積極的に出てきました。ただし、先に述べたようにベトナムのメンバーは日本の建設業界の状況は知りません。ブリッジSEがうまく間に入ることで、日本の現状に沿う提案を拾っていきました。

古い建設業界をデジタル化する

開発を進めるにつれて、ベトナムと日本の最適な役割分担が決まってきました。具体的には、既存システムのメンテナンスや軽微な修正、アップグレードなどの業務は日本のエンジニアに任せました。日本の商習慣を知り日本語で情報が取れる、しかし開発経験は浅い日本のエンジニアに適した仕事といえます。新規の機能の開発やプログラミング的に高度な部分に関しては、ベトナム側のプログラム経験が豊富なチームが担当しました。

この体制により、両国のチームがそれぞれの強みを活かし、効率的に開発が進められるようになりました。

このスタートアップ企業は、2022年1月に約1億円を調達したのですが、その資金を使って短期間でエンジニアの採用とプロダクトの開発を進め、セールスを伸ばす必要がありました。しかし採用に関しては、人材紹介会社やWantedly（著名なスタートアップの求人サイト）などを利用したものの、すぐに十分な人材を獲得できるものではなく、しかも1人を採用するのに200万~300万円という膨大なコストがかかりました。5人のチームを希望していたものの、この方法では採用費が1500万円から2000万円となり、とても現実的ではありません。

結局1人だけ採用し、次にもっと安い価格でフリーランスエンジニアを派遣する会社を利用してみたのですが、質の面で問題がありました。たとえば、70万円で派遣されたあるエンジニアは、業務経験がまったくありませんでした。仕事をする過程でそれが明らかになったのですが、こうした状況に苦しむなかで、私たちに相談した、というのが経緯です。結果として、ベトナムのエンジニアを使ってうまく開発を進め、しかもコストは日本でエンジニアを採用するときの半分以下となり、大いに喜んでおられました。

この企業は、建設業界の問題を解決するためにWebサービスを提供しています。見積もりの電子化サービスのほかにも、そのサービスに入力される建材や労務コストのデータを活用し、新たな価値を創出しています。

具体例を挙げれば、「ある建材は大体これくらいのコストである」という情報をデータとして取り入れます。労務コストについても同様です。このデータをもとにして、「〇〇の建材を使って、××の工法で進めてください」といった、より精度の高い見積書を作ることができるわけです。

また、データをもとに、より精度の高い見積額を予測することができます。つまり、問い合わせをせずとも大体のコストを把握できるようになるのです。将来的にはこのシステムを利用し、建材を提供する会社を繋げて、建材のＥＣサイトを作る構想もあります。

彼らの目標は、建設業界をデータドリブンで効率的な業界に変えていくことです。紙に依存する現在の業務プロセスをデジタル化し、より迅速かつ正確な業務遂行を実現することが、彼らの取り組みの中心にあります。

この企業のように、スタートアップにおけるオフショア開発では、開発を進めながら体制を最適化していく場合が多いです。その場合はラボ型で開発しながら体制を作っていくと、自社の開発体制を固め、成長の速度を速めることができると考えています。

CASE 2

上流から開発に参加すると、顧客の熱量が伝わる

属性 ネット（ショップ）広告の運用

目的 ネットショップのツールや集客のＩＴ製品の開発

課題 業務に熱量をもって取り組んでもらうこと

この企業はネットショップのツールや集客のＩＴ製品の開発を始めたのですが、もともと広告運用を主に行う会社で、ＩＴ製品の開発経験はほとんどありませんでした。ＩＴ製品を開発するために日本人のエンジニアを採用しようとしたのですが、よい人材がまったく採用できないという状況で、この企業は海外エンジニアを採用する方針にシフトしました。

ただし、このときは一緒に働ける日本在住の海外エンジニアを条件としまし

た。その結果、メキシコ人やフランス人、フィリピン人など、多国籍なエンジニアチームを組成することができたのですが、日本に住む海外エンジニアのコストはさほど安くありません。日本での生活コストが高いこともあり、基本的には日本人と同じ給料が必要です。

また、日本に長い間住むケースは少ないため、エンジニアの出入りが激しく、働きながら世界を旅するようなライフスタイルを好むエンジニアも一定数います。このようなエンジニアを採用した場合、業務知識が身についた時点で職を離れるパターンも多々あります。そのため引き継ぎも頻繁に発生し、仕組みを作るのに苦労されたようでした。

こう聞くと、「日本人エンジニアを採用するより、さらにハードルが高い取り組みなのでは?」と訝しく感じるかもしれません。このような多国籍のエンジニアチームを組成した背景には、社長の強い思いがありました。社長は国籍や性別など、多様性を重視したチームを作り、個性の強いチームで難しい仕事に挑戦していきたいと考えていたのです。その結果、このような多国籍なチームを組成することになりました。

この企業の社長は、一緒に仕事にする人に対しても情熱を重視しており、外部のエンジニアを使うときの不満をお聞きすると「社内の人間と同じ熱量を持って取り組んでもらえなかった」ということでした。

▼熱さを伝えるコミュニケーション

この企業が抱える問題を解決する第一歩として、私たちはプロジェクトマネージャー（PM）とクライアントの人事担当者、エンジニアリーダーとのコミュニケーションを重視しました。

まず、クライアント企業側にIT製品の開発経験が乏しいという問題がありました。そこでブリッジSEだけでなく、プロジェクトを管理するPMにもベトナムの人材を採用し、さらに私たちはプロジェクトの成功にコミットする姿勢で、要件定義からプロダクト開発までの全過程で深く開発に関与しました。

具体的な動きとしては、freecracy側は私とCTOが、そしてベトナム人PMとクライアント企業の上層部とで、定期的に議論する機会を設けました。3ヶ月に1回は、90分程度の会議を開催してプロジェクトの進行を振り返り、ポストイットを使用してアイデアを共有し、「freecracyがこの企業に提供できる価値は何か?」などのテーマで議論しています。私がオンラインで参加し、ベトナムのチームはオフラインで集まるスタイルが多いですが、ほかにも軽いミーティングを2週間に1回程度開いています。第2章では、「進捗を確認するような無駄なコミュニケーションは最小化したほうがいい」とお伝えしましたが、このようなプロジェクトの思いを共有するようなコミュニケーションは、成功させるために必要なのです。

この企業のCTOは日本にいるため、定期的にランチをするなど、プロジェクトについて話し合う機会を積極的に作っています。プロジェクトのミーティングは効率性を重視してオンラインで行いますが、その一方でオンラインでは話しづらいこともありますから、それをランチのような非公式なコミュニケーションで補っていくという工夫が有用となるのです。

具体的には、開発体制の変更、未来の新しい機能の導入、プロジェクトのクローズについての話などです。開発体制の変更といっても、一般的にはある程度方針が決定してからのほうがいいという意見もあると思います。しかし、ここでは細かい人員の話などはせず、「この方向に進んでいきたい」というような漠然とした話をします。ときには言語化が不十分な状態のこともありますが、このような話題は正式なミーティングで取り上げると誤解の元になる恐れがあり、非公式なコミュニケーションのほうがうまくいくのです。

短期・長期で顧客にコミットする

こうした背景からこの企業を担当するＰＭに対しても、密に話す機会を持つように心がけました。そして企業内の動きや新しいプロジェクトについて教えていただいています。「AdTechのプロダクトだけでなく、HRTechの分野にも関心を持っている」といった不確定な情報も、価値があるのです。

ただし気をつけるべきは、ＰＭにすべてを任せておけばいい、というわけではないということです。ＰＭはこのプロジェクトのリーダーやマネージャーとコミュニケーションを取りますが、話の内容はあくまでプロジェクトの短期的な仕事についてであり、せいぜい3ヶ月先程度先の視点でしかありません。

それに対してCTOや社長のレベルでされる話は、1年先や数年先など、長期的視野に立ったコミュニケーションになります。そのため、私は長期的な視点で相手方のトップと情報交換をするようにしています。

これによって、長期的、中期的、短期的とすべての時間軸でクライアントと関わることができます。このような社長やCTOなど、経営層レベルでのコミュニケーションは、クライアントとの関係をより強固なものにします。そしてこれが、プロジェクトの成功において重要な役割を果たすのです。

CASE 3

ベトナムエンジニアの技術力で先端開発に成功

属性　WEB3系システム開発

目的　ブロックチェーンの基盤システム開発

課題　先端であるブロックチェーン技術への対応

この企業は、ブロックチェーンの基盤システムを開発しており、これはＩＴ業界でも先端の技術になります。この会社のプロジェクトであるブロックチェーンは、ベトナムのエンジニアが特に強い分野で、ベトナムでラボ型開発を行うことが大いに有用だと考えられました。

まず、ブロックチェーンについて説明しましょう。ブロックチェーンとは、デジタルデータの記録方法の一種で、特にセキュリティや透明性が重視される分野で注目されています。基本的な構造として、データが「ブロック」という単位でチェーンのように連なっていて、その各ブロックには複数の取引記録などの情報が含まれ、それぞれがタイムスタンプや前のブロックと繋がるハッシュ値を持っています。簡単にいえば、データが相互に繋がっていて、一度書き込まれたデータの改ざんが難しくなり、データの信頼性が高くなる仕組みと考えていただければと思います。

単体のデータであれば、改ざんされても、その改ざんを検知することができません。しかしブロックチェーンはデータが連なっていて、あるデータに改ざんがあると検知できる仕組みがあります。よって、外部からデータを改ざんしてもすぐに検出されるのです。

ブロックチェーンは「分散型台帳技術」とも呼ばれます。これは、記録されたデータをネットワーク上の複数のコンピュータに分散して保存するという技術で、中央サーバーのような絶対的な管理者が存在しなくても、データの一貫性を保つことができます。

従来の中央サーバーのシステムだと、そのサーバーに不具合が発生した場合にすべてが止まってしまいますが、この技術であればそんな心配はありません。あるデータが追加されるとき、複数のノード（コンピュータ）が独立して検証し、合意形成（コンセンサス）を経てブロックチェーンにデータが追加されることで、データの透明性と信頼性が保証されます。

ブロックチェーンという技術は、暗号通貨の分野で最初に広まりました。現にビットコインやイーサリアムなどの暗号通貨は、ブロックチェーンを利用して取引の信頼性を保証しています。近年はその応用範囲が金融分野を超えて、サプライチェーン管理、医療記録、不動産取引、投票システムなど非常に多岐にわたります。ブロックチェーンは、透明性が求められる取引やプロセスにおいて、改ざんの防止や信頼性の向上に大きく役立っているのです。

ただしその一方で、処理の複雑さや処理速度の遅さの問題など、克服すべき課題も存在します。この企業はそのトレードオフを解決するような基盤システムの開発に取り組んでいました。

このような先端的かつ難しい開発ですので、プロジェクトには高いレベルのエンジニアが参加しています。しかし、スーパーエンジニアと呼べるような高度な技術を持つ人材は、豊富にいるわけではありません。

日本国内でも高度なエンジニアを探す努力はされていましたが、そんなレベルのエンジニアを見つけるのは簡単ではなく、私たちのところに相談に来られたのです。

▼ベトナム人エンジニアはブロックチェーンに強い

このブロックチェーンの基盤システムを開発するにあたって、ベトナムのエンジニアは総じてブロックチェーン技術と暗号通貨に対する知識に明るいため、この企業の課題を解決するのに最適といえます。

その背景としては、ベトナムは自国の通貨に対する信用が低く、ビットコインなどの暗号通貨の保有率が世界的に見ても高いということがあります。統計企業Statistiaが２０２０年に行った調査によれば、実際に暗号通貨の普及率は21％といわれており、世界1位のナイジェリアに続く高さです。

また、ブロックチェーンの技術を応用したＮＦＴというデジタル上の資産を管理する技術においては、ベトナム人がデジタル上に作った土地がベトナムの実際の土地の値段を超えてしまったと話題になったことがあります。これは、ベトナムという国自体がブロックチェーンの素養が高いことをよく表していると思います。

これまでお話ししたように、大学でコンピュータサイエンスをしっかりと学び、理論的な基盤がしっかりしているベトナムのエンジニアは、新しい技術を受け入れる素地が整っています。本や雑誌で紹介されているような表層的な技術は、多少の経験さえあればどんなエンジニアにでも理解できるものですが、それを超えたデータベース管理やサーバーの操作、ＡＰＩの開発、セキュリティの確保、データ処理、アルゴリズムの最適化など、システムの内部機能や構造に関わる技術に関しては、基礎的な知識なしに理解することはできません。

さらに、ベトナムのエンジニアは英語に対する抵抗がないことも有利となりました。このような新しい技術は、まず英語で書かれた文献で紹介されます。ですからベトナムのエンジニアは、ブロックチェーンの文献や研究機関における最新の成果を理解して、実践に移す能力を持っているといえます。

こうしてベトナムは、ブロックチェーンに強いエンジニアを多数輩出しているわけですが、実際にブロックチェーンのコア部分の開発に関与するベトナムのエンジニアも多く、このようなベトナム人エンジニアの長所がこの企業の課題解決にも大きく貢献しました。

たとえば、イーサリアムを使用したブロックチェーンの開発では、通常のトランザクション処理速度の遅さに対処するため、より迅速なトランザクションを可能にするインフラ技術の開発が重要です。このような技術的な課題に対応するためには、表層的なエンジニアリングスキルを超えた、ネットワークやシステムアーキテクチャに関する深い知識が必要です。具体的には、GLS（グリッドレッジャーシステム）というインフラ技術などで、これはイーサリアムを基盤としながらトランザクションの速度と効率を高めるための技術であり、ブロックチェーンの開発において重要な役割を果たしています。

▼ベトナム人エンジニアを活かした開発体制

ただしこの企業は当初、ベトナム人のエンジニアにそこまで大きな期待を持っていませんでした。しかし実際にエンジニアを面談すると、その知識の深さや優秀さを実感され、プロジェクトが本格的にスタートしました。

当初の計画では、ブロックチェーンのコア部分は日本側で、周辺部分や特定のお客さま向けの開発をベトナムで担当する予定でした。しかし、ベトナムのエンジニアの優秀さを知り、コアの開発部分にも多くのベトナムのエンジニアが参画するようになりました。

この企業のプロジェクトは複数あり、先ほど説明したGLSのコア部分の開発は、ベトナムのエンジニア1名を含めた少人数の優秀なエンジニアで行っています。また、GLSを使用した商用プロダクトの開発にも、ベトナム人エンジニアが4名から5名程度参加しています。商用プロダクト開発チームの規模は15名程度で、プロジェクトによって人数が多少変動します。

このプロジェクトにおいて、ベトナム人エンジニアが大いに活躍したのですが、日本の同レベルの人材と比べると半分程度の採用コストに抑えることができます。

この企業は2018年に創業したのですが、2023年の7月にはナスダックに上場しました。会社の資本金は約2億円で、ナスダックの上場により資金を調達し、これを使ってプロダクトの開発やセールスを世界的に広げていきたいというビジョンを持っています。

当初、この企業の社長はベトナム人の先端分野における技術力を知りませんでしたが、その能力を知ると開発体制を柔軟に変更しました。このように海外エンジニアを臨機応変にアサインできることも、ラボ型開発のメリットです。

CASE 4

優れた専門知識を持つブリッジSEが、難度の高い開発をリード

属性　ERP（企業向け業務システム）の開発

目的　電力向けや倉庫向けのシステム開発

課題　業界特有のカスタム要求の強い、難易度の高いシステムの開発

東北に本社を構え、元エンジニアの方が創業したこの企業は、ＥＲＰの開発

を事業としています。ＥＲＰ（Enterprise Resource Planning）システムとは、企業のさまざまな業務プロセスを統合的に管理するためのソフトウェアです。業務システムの開発において難易度が高いとされ、主な目的は、企業の財務や人事、製造、供給チェーン、サービス、在庫管理などの機能をひとつのシステム内で連携させることで、データの一元管理により情報の共有がスムーズになります。

ＥＲＰシステムの導入によって、企業は業務の効率化、コスト削減、生産性の向上などを図ることができます。また、リアルタイムでのデータアクセスや分析が可能になるため、経営者がより迅速に意思決定できるようになります。

ＥＲＰは大規模企業だけでなく、中小企業にも適用されており、業務の自動化やデジタル化の推進に使われています。導入と運用には専門知識が必要で、綿密な計画を立てて実行しなければうまく定着しません。企業の特定のニーズに合わせてカスタマイズされることも多く、そのためにはＩＴだけでなく業務に関する専門知識も必要です。

この企業は、特に電力会社向けの専門システムや中規模倉庫向けのシステムなど、複雑で難しい分野に取り組んでいます。業界特有の複雑な仕様や法律の変更などに細かく対応する必要があり、一般的な企業は避ける傾向にあります。というのも、開発の負担が大きいからです。

実際にこの企業が扱うシステムは、ＳＡＰやOracleなどの標準的なＥＲＰシステムでは対応できない特殊な要件に応えるため、多くの場合はすべてカスタムで、イチから開発しなければなりません。さらにクライアントごとにカスタマイズされるため、販売管理システムや電力小売システムなど、ＡＰＩや国のシステムとの細かな連携が求められ、その都度の状況に柔軟に対応する必要があります。

また、これらのシステムのＵＩ（ユーザーインターフェース：ソフトの操作画面や操作方法を指す）は、古めかしい場合が多いです。たとえば、グレーの背景に白いフォームが多く配置された20年前のシステムのようなＵＩなどです。

なぜかといえば、これらのシステムのユーザーは、スマホや現在のＷｅｂシステムのような美しいＵＩを求めていないからです。それよりもシステムの置き換えによる業務効率の低下を防ぐため、従来のＵＩを維持したがります。

また、安定性やカスタマイズ性も重視されます。たとえば、業務の効率を高めるため、多少見にくくなっても1画面に表示する情報が多いのがよいとされます。美しさや操作性の良さを求める現在のＵＩとは正反対といえるでしょう。

ただし、古めかしいＵＩを持っていても、使用しているプログラミング言語やＯＳは.NET（ドットネット）やC#など、現代では標準的なものです。つまり古いのは見た目だけで、中身は最新の技術が使われているのです。最新の技術なので開発効率はよいですが、最新のものを古いＵＩに見せるので、かえって手間がかかったりします。

この企業はＥＲＰ業界の中で中小規模でありながら、難易度が高いけれどニッチな分野での専門性を持ち、トップの地位にいます。東京にもオフィスがありますが、本社が仙台ということもあり、優秀なエンジニアがなかなか採用できずに悩んでいる状況でした。

▼最適なブリッジSEのアサインに成功

この業務は複雑で難易度が高いため、日本人エンジニアでさえ理解しにくく、やりたがらないようなプロジェクトが多いです。そのため、この企業は当初「本当に海外エンジニアでできるのか?」と危ぶまれていました。

このプロジェクトにおいてカギとなるのは、やはりブリッジSEです。これほどまでに複雑かつ難しい業務なので、私たちはブリッジSEに、地頭がよく専門知識を持った人材をアサインしました。このブリッジSEは、プロジェクトにアサインされる直前まで日本に住んでいて、同種のシステム開発の経験がありました。そこで私たちは、この日本在住のベトナム人エンジニアをベトナムに呼び寄せてチームを組成しました。このプロジェクトを遂行するには、経験の有無が大きいと判断してのことです。

もちろん、これほど優秀な人材には相応の給料が必要ですが、その効果に比べれば安いものです。このようなエンジニアを見つけられたのは、私たちの豊富なデータベースがあったからこそといえるでしょう。

ブリッジＳＥの任務には、日本とベトナムのコミュニケーションのほか、日々の業務の優先順位付けや新しい仕事の対応、プロジェクトの計画調整などが含まれますが、これらの仕事は非常に精神を削られるものです。たとえば、朝にメールで指示が届いた仕事をその日の午後までに終わらせなければならないといったような、短納期の依頼が頻繁に発生します。というのも、システムが複雑なため、小規模の変更でも影響する領域が大きくなるからです。波及範囲を調べるテストは迅速に行わなければ開発が止まってしまうので、このような緊急対応にならざるを得ないわけです。また、システムの複雑さゆえに、小さな不具合も多く発生し、その都度修正依頼がどんどん来るのも大変なところだと思います。

しかしエンジニアの人数には限りがありますから、仕様変更や修正作業の優先順位付けの判断が必要となります。このようなＥＲＰプロジェクトの特性上、ブリッジＳＥには計画策定力と迅速に実行する能力が問われます。納期が短いうえに、仕様変更によって影響を受ける部分を的確に把握し、それに応じた対応を取らなければなりません。ただでさえ難しい仕事なのに、限られた時間で遂行しなければならないというプレッシャーを受けながら進めなくてはなりませんが、このブリッジSEは非常に優秀で、この役割をしっかりと果たしてくれました。

▼アジャイル型の開発フローを採用

この会社が手掛けるERPは、もともとはウォーターフォール方式で天下り式に開発されたものでしたが、そのアップデートや修正、追加開発に際しては、アジャイル的な方法で動かざるを得ない部分がありました。

先に述べたように、ウォーターフォール方式では仕様を固めてから開発に入り、変更が発生すると見積もりやテスト計画の調整を行います。一方でアジャイル型は、まずプロトタイプを作り、それを補完、修正していく形で開発する方式です。最初から仕様の変更を想定している開発方法ですので、変更が発生してもその都度、素早く修正を行えるというメリットがあります。

この企業のＥＲＰ製品は、法律や顧客環境の変化に応じて新しい機能を実装する必要がしばしば生じます。その点で、アジャイル型のアプローチはこのプロジェクトに適しているといえます。アジャイル型を取り入れると、仕様が変更になって製品に修正が必要になったときに、計画作成などの余計な作業が発生せず、すぐに対応することができます。その結果、プロジェクトの環境変化があってもより柔軟に対応できるし、結果として開発スピードも向上します。

ただし、これにはアジャイル型のプロジェクト管理の経験と、開発チームの柔軟性が不可欠です。私たちがラボ型のアジャイル開発に慣れているからこそ、できたといえるかもしれません。

既存のＥＲＰ開発企業ではウォーターフォール型を採用することが多いのですが、ウォーターフォール方式でのシステム開発ではどうしても時間がかかります。仕様変更が発生すると、まず仕様書を固めなければならず、工数を配分して計画を立て、やっと実務に入る、といった具合です。このタイムラグは、特に仕様変更が頻繁に発生する場合はかなり深刻です。また、仕様変更が起こった場合、その作業に追加代金が発生するというデメリットもあります。
このような難しいプロジェクトでは、製品開発にもユーザーの業務にも通じた、優秀なブリッジＳＥの存在が不可欠です。また、頻繁な仕様変更の発生する製品では、旧来のウォーターフォール型の開発フローではなく、ラボ型の特徴であるアジャイル型の開発フローのほうが適しているわけです。

CASE 5

官僚的な大企業に対応するファシリテーション

属性 大手ＩＴ企業
目的 大規模なシステム開発
課題 大企業ならではの判断の遅さ、意思決定の複雑さへの対応ここまで比較的規模の小さい企業におけるラボ型開発の成功例を紹介してきましたが、私たちは大企業をクライアントとする案件も多数あります。大企業との仕事には特有の難しさがあり、たとえば仕様の決定が遅れたり、プロジェクト途中で何度も仕様変更されたりといった問題がしばしば発生します。なぜこういったことが起こるのかといえば、大企業は組織の階層が多く、私たちが直接話をする人がプロジェクトの全体像を把握しているわけではない、という背景があります。意思決定者と直接コミュニケーションできず、担当者を通じて意思決定者にいかに正確に意図を伝えるかが非常に難しいわけです。

▼大企業の意思決定の遅さへの対応

私たちが関わったこのプロジェクトでは、窓口の人はエンジニアでなく、企画サイドの人でした。技術的な背景がなく技術的な話が通じないため、専門外の人に技術的な情報を正しく伝えることが最初の壁となりました。

また、このプロジェクトではＵＩのデザインに問題があることが判明し、クライアントにＵＩを改善する提案を行ったのですが、なかなか返事をいただけません。どうやら、意思決定をする担当者にデザインの経験がほとんどないため、社内でたらい回しになって時間がかかっていたようでした。

大企業では、要件やデザイン、開発ごとに細かい承認プロセスがあるものです。さらに決定事項として何かを伝えられても、意思決定の理由が不明な場合が少なくありませんでした。たとえば、「Aという技術を採用する」とだけ伝えられても、Aの何を重視して採用したのかがわからなければ、うまく開発を進めることはできません。それなのに窓口の担当者が決定の背景を理解していないのです。現に、窓口となってくれる担当者からの回答が、「正直、よくわかりません」のひと言で終わることも頻繁にありました。


このように、関わる人間や承認フローが多すぎるがゆえに決定に時間がかかること、そして顧客の幹部由来と思われる唐突な仕様変更に対応するために、私たちは工夫を重ねました。

要件定義の際には細かく議題を設定し、事前に送付するというのも、そのひとつです。毎週月曜日に定期的に打ち合わせを行うと決め、その打ち合わせで決定されるべき事項をあらかじめ議題に設定して伝えておくと、打ち合わせを効率的に進行できるようになります。

さらに実際の打ち合わせでは、私たちが司会を担当することで、円滑に進むように留意しました。クライアント企業内のメンバーに司会を任せると、日本的な合意を重視する姿勢となり、「これは持ち帰りで」と決定を遅らせたり、以前の決定を破棄して逆戻りしたりする恐れがあります。このような事態を防ぐために、打ち合わせ中にリアルタイムで議事を作成し、「これでよろしいですね」とその都度合意する形で決定事項を入念に確認します。こうして第三者である私たちが定例会議の主導権を取ることで、打ち合わせの生産性が高まりました。

このほかの工夫としては、仕様書だけに頼らず、最終製品をビジュアル化した視覚的な資料を作成しました。専門外の関係者にとっては、IT業界独特の仕様書からは具体的な最終製品のイメージを持ちにくいものです。そこで、「このようなデザインになり、このボタンを押すとこうなります」という完成像をわかりやすくイメージしていただくために、早い段階でデザインファイルを作成して共有しました。これによって、完成像の認識の食い違いを防ぐ目的があります。

大企業の開発はウォーターフォール方式、つまり仕様を完全に決めてから動く方式がほとんどです。一方、大企業においても、関係者の同意を得るためには早い時期に完成品のイメージを持ってもらう必要があります。しかし、これはアジャイル的なアプローチになり大企業は不得意な分野です。よって大企業の伝統的な開発フローにラボ開発、つまりアジャイル的な要素を取り入れながら開発を進めていくのです。

現代のソフトウェア開発ではアジャイル開発が一般的ですが、大企業においてはウォーターフォール方式を採用するケースが多く、その伝統的な開発フローにアジャイル的な要素を取り入れながら進める必要があります。

▼頻繁な仕様変更への対応

大手のソフトウェアベンダーとの仕事では、仕様変更が多々発生します。スタートアップと比べて現場と意思決定者の距離が遠い大企業では、意思決定者が現場の実情を把握しておらず、仕様変更を安易に決定することがあるためです。たとえば、一度決定したことにもかかわらず、上層部が「こちらがいいと思う」と感覚的に意見を出せば、現場の人間は従わざるを得ません。

また、社内の部署間の思惑が異なるために仕様変更が生じることもあります。技術選定に関しても、政治的な理由で新しいシステムの採用が強いられ、それが余計な作業や課題を生む恐れもあります。このように、社内の政治的な要因から仕様変更が引き起こされることがあるのです。

一例を挙げれば、A社とB社という2社が絡んだプロジェクトでは、途中でA社の上層部が「このシステムはB社でも使えるのではないか」と主張し、仕様変更が行われたことがありました。なぜそう言い出したかといえば、特に技術的な理由があったわけではなく、A社のシステムをB社に展開した実績を作りたかったという思惑があったそうです。

ほかにも、あるプロジェクトで技術選定の際に、新規性を出すためだけに新しいシステムの使用が要求されたこともありました。しかし結果として、新しいシステムに関連する問題やバグと格闘しなければならず、非常に大変でした。
このように大企業とプロジェクトを行う場合は、意思決定の遅さに対応しておくこと、大勢のメンバーが関わるのでゴール（最終製品）のイメージを関係者と共有しながらプロジェクトを進めることが重要になります。

CASE 6

ＨＲの製品開発経験を活かした改善の提案

属性　ＨＲ（人事・採用）システム開発
目的　採用や業務マッチングのビジネス機会を増やす
課題　買収した企業のシステムの統合

この企業は、ＨＲ（Human Resource）のサービスを展開しています。私たちfreecracyもＨＲのサービスや製品を提供していますが、実はＨＲの企業は通常、システム面では強くないことが多くあります。もちろん、既存の社員や採用希望者のデータ、企業の案件データを持っており、これらの動向がデータ化されていますが、ＨＲに特化したシステムではなく、営業などの他部署のシステムを流用していることが大半です。

ちなみに私たちの場合は、自社でSaaS製品を開発しており、この企業の開発をサポートする際にもそれが大いに役立ったと考えていますが、これについては後述するとして、話をこの企業の抱える課題に戻しましょう。

この企業はもともと"Salesforce"と呼ばれるソフトを使ってデータ管理を行っていました。これはもともと営業のシステムで、人事に特化したシステムではありません。ですから、ＨＲでやりたいことが十分にできない状態でした。

また、少し前には異なる専門領域を持つ複数のＨＲ会社を買収しており、コスト削減やクロスセルによる売り上げを向上させるために、会社のシステムを統一し、データベースの統合を図るというのが第一の課題となっていました。具体的にいえば、この企業はエンジニアのデータベースと、買収した会社のデザイナーのデータベースも持つことになったので、エンジニアを探しているお客さまに「デザイナーの候補者も大勢おります」と提案したり、その逆を提案したりできるようにしたい、というニーズを持っていました。

さらに、副業のマッチングを事業とする企業も買収していたため、エンジニアやデザイナーに副業をマッチングすることも可能となります。副業の場合、それほど報酬が高くなくても、スキルを磨くために仕事をするプロフェッショナルが一定数います。そのような人材を、たとえば地方自治体の仕事のような予算が限られていて報酬はよくない仕事、しかしながら地域の役に立ててやりがいのある仕事にマッチングすることで、両者のニーズを満たすことが期待されます。

このクロスセルを実現することで、買収した企業同士の相乗効果が発揮できると考えられます。すると単にシステムを統合するだけではなく、ビジネスチャンスを広げられるようなシステムが求められます。私たちはこれを叶えるために、ＨＲ企業という独自の強みを活かし、プロジェクトを進めていきました。

▼トップダウンで方針を決める

ただし、システムの統合は簡単なことではありません。この企業は４社も買収していましたが、買収された企業出身の社員は、自分たちの慣れたシステムを使い続けたいと考えるため、変化に対しての抵抗勢力となる恐れがあります。そこでシステム統合においては、高いレベルの戦略的意思決定が必要と判断し、会社の経営層にトップダウンの方針を打ち出していただき、その方針に基づいて進めていきました。

このプロセスの中で、私はfreecracyのＣＴＯや開発ディレクターとともに、この企業の意思決定に関わることにしました。

具体的には、私たちとこの企業のトップの間で、現在の製品の仕様だけではなく、将来的にどうあるべきかという視点から議論していきました。データベースの持ち方やサービスのアーキテクチャ、さらには会社全体の戦略に至るまで、広範な話題が取り上げられました。

社員同士の話し合いでは、話が分散してしまう可能性があります。そこで、この議論で話し合ったことを、トップダウンで現場に共有していただきました。すると統合されるシステムの方向性が明確に定められ、効果的な開発ができるようになりました。

このプロジェクトでは、freecracyがＨＲの事業を展開しており、私たちのＣＴＯがＨＲシステムの開発経験を持っていること、そして開発ディレクターに豊富な開発経験があって日本の文化や言語に精通していることも、成功に貢献したと考えています。私たちの提案をクライアントに示すときには、私たちの製品のデモンストレーションを効果的に利用しました。つまり、自社のシステムをクライアントに紹介し、どの部分がそのまま使用できるか、どの部分がクライアントの要件に合わせて変更が必要かを示したのです。

このデモンストレーションによって、クライアントは提案されたシステムの構造や機能を理解し、具体的なイメージを持つことができたようです。そのため、比較的容易に提案に合意してもらうことができました。

▼プロジェクトをフェーズに分ける意図

ただしトップが意思を決定しても、それを担当者にすぐさま理解してもらえるとは限りません。この事例において、担当者はシステムの統合によって自分の作業量が増えることを恐れていました。つまり、会社全体のビジョンや効率化を実現するよりも、給料は変わらないのに慣れない仕事で自分の負担を増やしたくない、と考えていたのです。

そこで私たちは、そうした心理的負担を考慮して、プロジェクトを３つのフェーズに分割して進行しました。

フェーズ１では、この企業がメイン業務としていたプロフェッショナル人材派遣のシステムを改修し、デザイナーや副業など、ほかの業務領域でも共通化できる仕組みを作り込みました。やったことは非常にシンプルで、システムのデータベースとシステム間の連携を確立させただけです。そしてフェーズ２では、人材の推薦機能を追加し、フェーズ3では買収した他のサービスを統合して1つにまとめる、というプロセスを取りました。

このように、既存のシステムの大規模な変更を伴い、既存ユーザーの抵抗が大きなシステムは、開発を何段階かに分けることでプロジェクトをスムーズに進行することができます。これは、各フェーズの成果の確認と費用請求の時期を明確にする点でも有用です。現にこのアプローチは、担当者やエンジニアにとって大きな変更に対する不安を和らげる効果があったようです。

どのようにフェーズを分けるかは、どのシステムに適用するかに基づいて決定しました。具体的には、この企業がメインで行っていたプロフェッショナル人材派遣の領域、そしてその他の部分を2つに分けて考え、ソフトウェアの基礎的部分と応用的な部分をさらに細かく分けました。その分けたものから、最適な順番を検討し、フェーズ1とフェーズ2における開発内容の中身を決定していったのです。

ここで注意すべきは、フェーズの期間を均等に保つこと、そして成果確認のタイミングを考えてフェーズに分けることです。たとえば、フェーズの期間が1ヶ月、3ヶ月、1年と分けられていれば、当然違和感を覚えるでしょう。そして、各フェーズの終わりに動作しているシステムを見せて、成果を明らかにすることも大事です。ソースコードだけ見せられて、「これでフェーズ終了です」と言われても、よく理解できず受け入れられないものです。つまり、その変化を受け入れやすくする配慮が大切なのです。

さらに、技術的な方針が変更可能なタイミングで、フェーズの切れ目を設定することも重要なポイントです。

たとえば、ある時点でAの技術を使うかBの技術を使うか、変更可能なポイントがあるとしましょう。このポイントをフェーズの終わりに設定しておけば、なるべくたくさんの情報をもとに、AとBどちらを取るかを判断することができます。

お金や期末などの財務的な考慮も必要です。つまり、「ここまで完成させて、いったん検収して、支払いを行う」という具体的なスケジュールを考えておけば、両社の資金繰り計画の見通しをよくすることにも繋がります。

このように、フェーズをうまく分けることで製品の質が高まり、クライアントの要望に応じた対応も可能になります。


このプロジェクトは、私たちにＨＲ製品の開発能力や豊富な実績があったことが大きな成功要因だったと考えています。

freecracyのシステムはＨＲ専用に開発されており、候補者と企業のデータを解析し、適した人材候補を抽出することができます。さらにＷｅｂサイトからの候補者の動向を調べ、それをもとに仕事のマッチングを行うことも可能です。それらのデータをＡＩで解析して利用することにも習熟しているため、私たちの使っている解析システムの実装も提案しました。運用の経験も豊富なことから、サーバ構成の最小化やリアルタイムでのデータの同期、効率的なシステム構築が可能です。こうしてコストを低減できるサーバ構成を提案し、クライアントの成功に結び付いたのです。

CASE 7

世界Big4コンサルティング会社のAI開発を、日本人の1／3の価格で超優秀AI人材がリード

属性　AIプロダクトの評価・不具合対応・追加開発

目的　グループ会社共通の業務効率化AIプロダクトの開発

課題　AIに精通した人材の確保

最近、特にご相談が増えているのがＡＩ関連の案件です。ご存じのように、ＡＩは世間で大きく盛り上がっており、本書を執筆している２０２４年３月でも、３つのプロジェクトが同時に進行しています。

たとえば、不動産会社向けに、顧客企業の売上や人数規模など条件を入力するとぴったりの物件をピックアップしてくれるツールの開発を進めています。物件をピックアップしても最終的には人間が選ぶことになりますが、膨大な物

件から候補を絞り込むだけでも、営業担当者の負担を大きく減らすことができるでしょう。

ほか、広告代理店向けのプロジェクトもあります。ＡＩにより何種類かの人格を作ってディスカッションさせるツール開発のプロジェクトですが、これは人間によるブレインストーミングをＡＩが代用し、製品やサービス、広告、コンセプトについての意見をＡＩに出させるという内容のツールです。

ＡＩに関連するプロジェクトはさまざまで、いずれもＡＩ活用の可能性を感じます。そのなかで今回は、社内の会議の議事録を自動で作成したり、パワーポイントの資料を生したりすることができる、バックオフィス業務効率化の補助ツール開発のプロジェクトをご紹介しましょう。

▼業務改善ツール開発後に生じた課題

この業務補助ツールは、いわゆる「Ｂｉｇ４」と呼ばれる世界的に有名なコンサルティングファームがクライアントでした。このクライアントは既に、「大規模言語モデル」と呼ばれるものを使い、さらに４億円という巨額の費用を投じて業務補助ツールを開発していました。しかし、その性能はいまいちで、使い勝手もよくないという課題を抱えていました。

私たちはそれ以前に、このクライアントからの依頼で、ＡＩとは関係ない業務ツール開発を行った実績がありました。その成果から、「ＡＩのプロダクトの改善をおまかせしたい」と、システムの評価や不具合対応、追加開発などを依頼されたのです。ただ、私たちはこの案件についてＩＴ部門の方からご相談を受けたのですが、このツールはもともと別の部門で開発され、ＩＴ部門に管理や保守を委託したという経緯があり、ＩＴ部門がツール開発の詳細を把握していないという事情もありました。

そこで詳しくヒアリングしてみると、たしかにそのツールの性能はあまりよくないと見られました。たとえば議事録の作成にしても、発話者を正しく認識できなかったり、２時間以上に及ぶ会議の場合は処理が膨大になり、ソフトが落ちてしまったりと、実用に耐えられるものではなかったのです。そのため、業務を補助するためのツールにもかかわらず、アウトプットの修正のためにかえって人の時間が奪われてしまうといった状態でした。

▼なぜ、AIエンジニアが少ないのか

このプロジェクトを進めるにあたって最初に直面した問題は、AIエンジニアが稀少で単価が高額だということでした。

日本人の場合は、通常のエンジニアであれば月100万円程度のところ、AIの開発ができるエンジニアとなると、200万~300万円ほどの単価になります。ただし、コストの安いベトナムのエンジニアを起用すれば、優秀なAIエンジニアでも75万円ほどと、国内のエンジニアよりはるかに単価を抑えることができます。コストを抑えつつ、製品化まで見据えてPOCプロダクトをスピーディに開発したいという会社の場合にはピッタリだと思います。

AIの開発ができるエンジニアが少ない背景には、その専門性の違いがあります。通常の製品のエンジニアであれば、クライアントの要求をしっかりと理解し、それをプログラムに落とし込んでいく能力が重要です。

しかしAIは新しい技術ですので、さらにPOC（Proof Of Concept）が必

要となります。これはＡＩを使って、「理論上、こういうことが可能」という仮定に対し、それが本当に動作するかどうかを実証することです。

たとえば、社内の文書の分類や検索を効率化するために、ＡＩに文書の内容を理解させ、自動で分類するシステムを作ったとしましょう。そのときに、簡易なシステムを作ってみて実験し、本当に期待する成果が得られるか検証したり、潜在的な問題や障害を見つけたりすることがＰＯＣにあたります。ＡＩエンジニアは実証結果を見ながらアルゴリズムを修正し、実験を繰り返して、求める成果が得られる製品を開発するという流れになります。

こうした背景から、ＡＩエンジニア人材には、とても高い能力や経験が要求されます。そんな人材はごく少数しか存在せず、エンジニアの中では「アーキテクト」と呼ばれる、効率化やセキュリティにおいてシステム全体を俯瞰できる人材となります。当然、コストも高くなります。

また、ＡＩを使った製品を利用するには、数学の素養は必要ありませんが、開発となると話が違います。実はＡＩの中では、統計学や解析学など、かなり高度な数学が多用されています。ＡＩプロダクトの開発には、その知識が不可欠なのです。

これらの専門的な知識は、大学で専門的な教育を受けなければ習得は難しいものです。日本ではコミュニケーション能力を活かした文系出身のエンジニアも多いのですが、そのようなエンジニアではＡＩ開発はまったく太刀打ちできない領域にあるといえます。

だからＡＩエンジニアはとても稀少な存在であり、高単価な人材なのです。

▼ＡＩに強いベトナムエンジニアの優位性

しかし、ベトナムのエンジニアには優位性があります。

まず、国自体が若いことです。新しいことを学ぶ意欲は、若い人のほうが強い傾向が高く、結果として大学や企業でも先端分野の開発を好んで行うため、ＡＩなどの先端分野の人材が豊富になります。ですから、相対的にＡＩに関わるエンジニアの数は多くなるわけです。もちろん、日本にもこのような有望な若いエンジニアはいるのですが、ベトナムのほうが圧倒的に数が多いという実情があります。

また、ベトナムでは理工系の大学を卒業した人間しかエンジニアになれません。つまり、エンジニアのほとんどが高度な数学を学んできているので、ＡＩのような数学を駆使する分野では、それが大きな強みとなっています。

さらに、ベトナムのエンジニアは「自分の腕一本で食べていく」という意識が強く、エンジニアとして働き始めた後にも、さまざまな技術の学習を積極的に続けます。日本の社会人は「世界一勉強しない」ともいわれますが、この学習意欲の高さこそ、そんな日本の人材と比べてベトナム人材が優位である理由のひとつです。


エンジニアという職業についていえば、「将来的にはＡＩがコーディングをするようになるので、エンジニアは必要とされなくなるのではないか」という疑問を持つ方もいるでしょう。

たとえばChatGPTはＧＰＴ1、ＧＰＴ2、ＧＰＴ3、ＧＰＴ4と開発が進んできました。実際、ＧＰＴ2までは人間の手が介在していたのですが、それ以降はＡＩ自身が学習方法を選びながら進化しています。

しかしそんな時代になっても、ＡＩ向けの半導体で有名なＮＶＩＤＩＡのＣＥＯが言っていたように、ＡＩ自体の開発ができるエンジニアは必ず残るのです。つまり、クライアントがやりたいことを正確に理解し、どのＡＩをどのように組み合わせるか設計する能力は人間にしか備わっていないものであり、それこそがエンジニアに求められています。ですから、学習を続けることは、どんな時代になっても重要なのです。

AIのスペシャリストをディレクターにアサインする

今回のクライアントから依頼された業務改善ツールのプロジェクトには、ディレクターにＡＩのスペシャリストをアサインすることで対応しました。

このエンジニアはＡＩに20年以上携わっていて、日本の大学で博士号を取っています。ＡＩやサイバーセキュリティの分野に特に知見が深く、彼の研究分野の論文を見せてもらったことがあるのですが、私にはほとんど理解できないほど専門的なものでした。

彼は日本に12年ほど在住経験があり、日本語も堪能です。このエンジニアを開発チームのディレクターとしてアサインし、ブリッジSEのさらに上流でプロジェクトの監修を一任しました。

プロジェクトが進むなかでは、外資系企業のプロジェクトですので、英語のドキュメントなどは整備されていると思っていたのですが、日本法人のプロジェクトということで意外にドキュメントが英語化されていない、あるいはそもそもドキュメントが存在していないという問題に直面することもありました。しかし、プロジェクトチームはドキュメントを整備するところから、着実に取り組んでいます。その中でバグの修正やユーザーインターフェースの改善など、具体的な成果も現れています。

このプロジェクトは、まだ走り始めたばかりですが、万全の開発体制を整えることができたと考えています。

他のプロジェクトと同様、このプロジェクトもフェーズに分けて進めています。第一フェーズでは今開発しているプロジェクトの調査と問題の修正、第二フェーズでそれにプラスアルファした追加項目や新しいツールの対応を進める、といった具合です。

ＡＩ系の開発はますます盛んになると思われますが、優秀なエンジニアを見つけることがさらに困難になるでしょう。そんな状況においては、海外人材に目を向けることで、活路を見出すことができるはずです。

意識を変えれば、オフショア成功への道が開ける

本章の冒頭で、オフショア開発を成功させるための３つのポイントをお話ししましたが、さらに私たちの経験上、成功を収めている企業には次の３つの共通点が見られるように思います。

①優秀なエンジニアリソースを求めている

②プロジェクトの進め方や役割分担を明確にしている

③「よいプロダクトを作りたい」という強い思いから、最大効率化を追求する

それぞれについて説明していきましょう。

①優秀なエンジニアリソースを求めている

これに対して「当たり前じゃないか」と思う人もいるかもしれませんが、実はそんなことはありません。オフショア開発をただ単にコストの削減のためと捉える人は多く、そのような意識では優秀なエンジニアが来てくれるわけがありません。

成功する企業は「国内の人材」に固執するのではなく、「国内でも海外でもいいから、とにかく優秀なエンジニアを得たい」という強い熱意を持っています。この熱意があるから、言語の壁などを超えることができるのです。DXが加速度的に進む現代においては、グローバルに国境を超えた視点で物事を考えることが、ますます重要になるといえるでしょう。

②プロジェクトの進め方や役割分担を明確にしている

これはつまり、各個人の役割が明示され、進行ルールに基づいてプロジェクトが進められている、ということです。するとプロジェクトの全体像や目標から必要なスキルや期間を逆算し、プロジェクトを進めることができるのです。

日本企業には、これを苦手とする人が多いように思います。前章で「定期ミーティングの無駄」についてお話ししましたが、日本人は情報共有に多くの時間を費やしたがる傾向があり、結果として生産性が低くなっていても、そのことになかなか気づけません。

もちろん、コミュニケーションは大事です。しかしそれが多すぎると、特に現場のエンジニアに負担がかかることになります。コミュニケーションが少なくても仕事が回る仕組みを作ることが重要なのです。

また、海外をまたぐプロジェクトでは、個々がコミュニケーションを取ることで生産効率の低下に繋がります。だからこそプロジェクトマネージャーは、ブリッジＳＥの助けも借りて、エンジニアが各自の役割に専念できる環境を作らなければなりません。各々の役割が明確であれば、頻繁なコミュニケーションは必要なく、個々が各自の仕事に集中できる環境を作れます。エンジニアにとっての理想的な環境を実現することが、オフショア開発の成否を分けるといえるでしょう。

③「よいプロダクトを作りたい」という強い思いから、最大効率化を追求する

私は、「よいプロダクトを作りたい」という強い思いがあれば、最大の効率化を追求できると考えています。

これは先に述べた点にも通じますが、ラボ型開発は、生産性を徹底的に追求する手法です。優れたプロダクトを迅速に提供するために、海外リソースをうまく活用するのです。成功する企業は、海外のエンジニアからのフィードバックから改善点を認識し、改善に取り組む姿勢が見られます。このような貪欲な改善姿勢があるからこそ、オフショア開発を成功させ、成長と発展を続けているように思います。

＊

本章で紹介した事例を通して、オフショア開発のポイントが見えてきたと思います。コスト削減という目先のゴールだけにとらわれず、顧客への貢献や製品の質を追求すること、そのために効率的な開発手法に挑戦し続けることが、オフショア開発に必要な姿勢だといえるでしょう。

第 4 章

「エンジニアリソース革命」を起こすときは、今

「海外」を通せば日本の課題が見えてくる

ここまで海外エンジニア人材の採用と活用をテーマとして、オフショア開発の失敗要因とラボ型開発の成功ポイントを分析してきました。本書の目的は、オフショア開発を成功させる視点をお伝えすることですが、そのなかで**日本の多くの企業が直面している現状と海外企業の動向、そして自社に内在する課題やそれを打破するためのヒントをご理解いただけたのではないでしょうか。**

繰り返しますが、海外人材を活用することは、自社のプロジェクトが正しく運営されているかを再評価する絶好の機会となります。

私が経営するfreecracyでいえば、私が唯一の日本人で、ベトナム人１２０名から構成される企業です。いくら私がＣＥＯだからといって、「日本のやり方はこうだから、こうしよう」とは言えません。実際、ベトナム人の考える最善の方法と日本国内での経験を比べると、彼らのやり方のほうが効率的であると気づかされることが多々ありました。

第2章でお話しした、日本ならではの慣習的な定例ミーティングもそのひとつです。定例ミーティングは「進捗や課題の共有」といった目的があるとはいえ、エンジニアにとっては無駄以外の何物でもありません。

たとえば、エンジニアが10人いるプロジェクトで60分のミーティングを行う場合、それぞれのエンジニアが異なる分野を担当しているとすると、自分に直接関係する部分は60分のうち、せいぜい10分程度です。残る50分という時間は自分に無関係な報告や議論がなされるのですから、非常に非生産的な時間といえます。

そもそも担当者にとっては、プロジェクトの最低限の全体像や担当部分のアップデート内容を知っておけば、定期的に話し合う必要はありません。定例ミーティングを行わずとも、進捗管理のツールを使えば十分です。

ただし、一般的なエンジニアであれば、1日の労働時間内に1時間の打ち合わせがあっても、さほど問題とは思わないようです。しかし時間内で最大限のパフォーマンスを発揮しようと考えている優秀なエンジニアにとっては、1時間のタイムロスは深刻な問題なのです。

エンジニアの仕事は実務にあるのですから、実務に集中できる時間をいかに増やしてあげるかを考えれば、今行っている定例ミーティングが必要かどうか、違った答えが出るはずです。

日本の仕事の進め方が非効率であることは、使用するツールにも表れています。

たとえば、日本では企業の顧客管理をＩＴ化するときに、サイボウズ社のキントーンなど、国産のツールが使われることが多いです。しかし、これらは日本以外では使われておらず、世界的にはSalesforceが主流です。日本でSalesforceが使われる場合は、日本の慣習に対応するために、特殊対応が必要となります。

日本で使われる業務ツールの完成度は高いですが、日本の業務慣習に特化していて海外での成功が難しく、現に日本のツールが海外に広がった例はほとんどありません。

これに対し、中国、韓国、シンガポール、インドネシアの企業で開発され、海外で使われるようになったツールはたくさんあります。中国ではWeChatやTikTok、韓国ではＬＩＮＥ、シンガポールではGrabと呼ばれる配車サービス、インドネシアだとGojekと呼ばれる配車・食品配達・決済サービスを融合させたツールなどが好例ですが、今のところ日本発のツールには、こうした例はありません。

つまり、**日本のＩＴ業界は世界的には特殊であり、特殊な民族が特殊なツールを使い、特殊な開発手法を用いているといえるでしょう。**もちろん、その特殊な環境に適応させたツールであるサイボウズ社の製品は素晴らしいと思います。しかし**業務効率を改善させたいなら、まずは日本人の特殊さが効率を落としていること、そして世界基準の方法を取り入れ、慣れていくべきであることに気づかなければならないのです。**

日本企業独自の体質を認識する

日本企業は「ホウレンソウ＝報告・連絡・相談」――すなわち情報共有を重視しがちですが、日本人は情報共有に割く時間が世界で最も多いといわれます。メールを送る際に多数の関係者をCCに設定したり、細かいレポートを要求したりというのが、わかりやすい例でしょう。ほかにも、開発現場で本流に関係ない議論が白熱して会議が長引いたり、意思決定者以外の参加者が多いために無駄な議論や確認を増やしていたり、上層部が現場のエンジニアに報告を求めたり――これらは日本人からすれば当たり前のことばかりですが、結局は**エンジニアのコーディングに集中する時間を奪うことになっているので、海外エンジニアからは大いに嫌がられます。**

実際に海外では、無駄な会議や連絡、報告が多いために、日本企業が敬遠される場面が散見されます。このような体質の企業は、たとえ質を追求する姿勢を持っていても全体的な費用対効果を悪化させる可能性が大きく、結果としてスピードに関しては無頓着になってしまいがちです。

日本企業に無駄な会議が多いのは、現場への権限の委譲が進んでいないことの表れかもしれません。つまり、日本企業は「細かいことまで上に報告する」が文化であるがゆえに、情報共有のための会議が増え、意思伝達が頻繁になるわけです。

エンジニアが効率的に働くためには、コーディングに集中する時間が必要ですが、こうしたコミュニケーションのために中断されることが多いというのは、非常に残念なことです。

心理学的にも、いったん途切れた集中力を回復させるのは相当の時間を要するといわれます。カリフォルニア大学アーバイン校のグロリア・マーク情報学教授の研究によると、電話などにより作業が一度中断されたあとにそれを再開しても、集中度合いがもとに戻るまで平均23分かかったそうです。

まるで寝ているときに何度も起こされるようなもので、こうして頻繁に集中を途切れさせられることで、仕事のアウトプットもスピードも低下してしまうのです。

この日本独自の体質は多くの日本企業、特に大手企業で根強く残っていますが、その一方でスタートアップやメガベンチャーは、このような体質から脱却しつつあるようです。おそらく、質の追求か、慣例的な「ホウレンソウ」の場か、どちらを優先すべきなのかを理解しているからでしょう。

ちなみに、**こうした無駄な情報共有の時間を削減するには、「〇名以上のミーティングはしない」「意思決定者がいる場合のみ会議を行う」といったルールを設定すると効果的です。**現にAmazonでは、打ち合わせにおいて「**パワーポイントの資料禁止**」、「**資料は打ち合わせ最初の20分に全員で黙読する**」、「**資料に書いてあることは説明しない**」などのルールがあるそうです。ぜひ試していただければと思います。

役割と権限の分担がもたらすメリット

また、日本の一般的な企業では、プロジェクトマネジメントにおいて役割分担が明確にされていない場合が多く、開発現場に似たような職位の人材が集まり、役割や権限が曖昧なケースが散見されます。

日本人は「これがあなたの役割です、これがあなたの権限です」と明確に定めないことが多いのですが、ラボ型開発においては各人がそれぞれの役割に責任を持つことが前提となり、そのうえで個々の価値や生産効率が最大限に追求されます。このように**役割と権限を明確にするのが、世界標準のプロジェクトの進め方です。**

海外の人材には、日本人的な共通の常識は通用しません。役割と権限を明確化しないと、各々の解釈がバラバラになり、仕事がうまく進まなくなってしまいます。同時に、ネットのリベラルな文化が広まり、日本国内においても働くことの価値観が多様化するなかでは、国内においても世界標準の方法を取るほうが、効率がよいはずです。

個々の役割と権限を明確に分けると、評価や昇進の際にほかのメンバーの合意が得られやすくなるというメリットもあります。結果として職場の透明性が高くなり、外国人のエンジニアにも選ばれやすくなるのです。

私たちfreecracyも、役割を明確化して各々の進捗を客観的に把握する仕組みを構築しています。この仕組みが有効に働いているので、私は2ヶ月に1回くらいのペースでベトナムに行って少し話をするだけで、十分にプロジェクトが回るのですが、これは一般的な日本企業では難しいのかもしれません。

一つひとつは小さな問題でも、積み重なると生産性を大きく損ねてしまいます。これらは「海外人材を活用するために解決すべき課題」ではなく、むしろ、「海外人材を活用しない企業でも早急に解決すべき課題」といえるでしょう。

グローバル化とＤＸが加速する時代において、日本企業は国内の競争だけでなく海外との競争も激化しています。私はこれらの課題を解決しなければ、日本企業は生き残っていけないのではないかと考えています。

自社の課題から目をそらさずに、プロダクトの質と効率化を最大限追求すること——そのための改善が、今こそ求められているのです。

日本企業の意識改革が不可欠

ただし、組織におけるプロジェクトの進め方や体制を変えるのは、そう簡単ではありません。一個人レベルで改革するには限界があり、ある程度の権限を持つ人でなければ、抜本的な改善をすることはできないでしょう。

すぐさま新しいことに飛びつく必要はありませんが、メリットを感じるものについてはまず試行してみることが重要です。エンジニア採用の話でいえば、国内人材に限定すると優秀なエンジニアを確保できない以上、国境を超えて採用する覚悟を持ち、積極的にトライしていただきたいと思います。

海外エンジニアを採用するには、言語や文化の違いなどの壁がありますが、グローバル化とDXによって、その壁はどんどん低くなっています。その意味では、**現代のビジネス環境において海外人材の活用は、もはや必然であり不可欠といえます。**

ただし、たとえば日本のエンジニアとベトナムのエンジニアを比較すると、それぞれ長所と短所があります。ベトナムのトップ5％のエンジニアは、先端技術を使って問題を解決するのが得意で、先端技術への感度はベトナムのエンジニアのほうが高いのですが、「業務×ＩＴ」という領域では、日本のエンジニアのほうが強いのです。

現に、日本にはＨＲテックやアドテックなどの専門領域で活躍するスタートアップが多く、日本にいれば自然と採用の情報も入ってくるし、質の高い広告に触れる機会も多いのですが、ベトナムに住んでいるとこうした情報を得にくいため、専門領域で顧客が求めるものがつかみにくいという実情があります。

また、日本人はジェネラリストタイプが多いので、人の要望に対する感度が高いです。だから、現場の要望に対する解像度の高さは、日本のエンジニアが勝っているといえるでしょう。

つまり日本のエンジニアにはプロジェクトマネージャー（ＰＭ）として適した人が多く、ジェネラリストとしてプロダクトや市場環境を理解しながら、エンジニアとしての仕事を進めていく能力が高いのです。深い専門知識がなくても、その分野の専門家のエンジニアに仕事を任せておけるというのは、大きな強みだと思います。

その一方で、ベトナムではコンピュータサイエンスを専攻した人のみがエンジニアになる文化ですから、特定の専門分野に深く精通した人材が多いという特徴があります。特に先端技術の分野では、言語の観点からもベトナムに優位性があります。

日本では英語を苦手とする人が多く、先端技術の情報を入手するために日本語に翻訳された文献を探す場合が少なくありません。先端技術の情報は英語で書かれるため、翻訳されるまでのタイムラグがありますが、ベトナムでは自国語に翻訳された技術的な文献はほとんどなく、エンジニアは英語の文献を直接参照するのが当たり前です。結果として、ベトナムのエンジニアのほうが、最新の情報にアクセスしやすくなるわけです。

映画の上映においても、ベトナムは日本よりも映画の上映が早いのですが、ベトナムでは吹き替え版が少なく主に字幕版が流通しているという理由があります。日本では、日本語字幕と日本語吹き替えを同時公開するため、映画の上映が遅れることがあります。

このように、日本人のＰＭとしての適性は高いものの、国際的な情報へのアクセスに関しては、ベトナムなどの国々が有利な状況にあるといえるでしょう。

オフショア開発を行うに際しては、単なるコスト削減のための方法と考えて、日本でこなせない仕事をただ海外に投げるだけではいけません。**日本のエンジニアと海外のエンジニア、その特性を考えて業務を振り分けてこそ、オフショア開発のメリットを最大化できます。**すなわち、日本のエンジニアと海外のエンジニアを適性に応じて使う発想が必要です。

「海外人材から選ばれる企業」という視点

アメリカには総じて効率化を追求する文化が根強く、新しいツールを積極的に取り入れて実践する企業が多いです。そのため企業の競争力が強く、ＩＴ系の企業では特に効率的なツールの導入がエンジニアに歓迎されます。優秀なエンジニアは新しいツールや言語を試したい意欲が高い人が大多数ですので、企業が積極的に新しいものに取り組むことでエンジニアのモチベーションが高まり、結果として企業の生産性が向上するという好循環が回っています。

この点から考えると、**日本が海外の優秀なエンジニアから選ばれるためには、海外エンジニアの仕事のモチベーションが上がる環境を整える必要があります。**海外人材が積極的に関わりたい職場を作れば、日本のＩＴ産業の成長と国際競争力の強化に繋がるのですが、これは海外人材のメリットをコストの安さと考えていては、決して実現できないでしょう。

海外エンジニアが日本の企業を嫌がる理由として、日本企業では無駄な情報共有が多くエンジニアが実務に集中できる環境が整っていない、プロジェクトのルールや個々の職務が明確にされていないため、エンジニアが自身の責任範囲や評価基準を理解しにくい、などの点を挙げましたが、業績評価の際にその理由が明確でないという点もあります。評価基準が不明瞭で上司の裁量に任されているという企業が多く、なかには上司の感覚的な判断で評価される企業もあるでしょう。

昇進の問題もあります。日本企業では、海外エンジニアが昇進しにくい「ガラスの天井」が存在するといわれます。日本人のコミュニティーを理解できる日本人が中心となっているため、海外エンジニアからすれば不公平に見えるわけです。

さらに日本では、エンジニアの給与が一律に決められがちです。**成果を適切に評価する仕組みがあれば、海外人材も仕事に対するモチベーションを上げ、生産性の向上に繋がるのではないでしょうか。**

日本企業でもメガベンチャーなどは、海外エンジニアからの抵抗が少なく、定着率がよいとされています。メガベンチャーでは、プロジェクトのゴールや職務内容、評価体系、昇進の機会が適切に管理されているため、海外エンジニアにとって働きやすい環境が提供されているのです。海外の方式を取り入れるのに抵抗があるなら、まずは同じ日本企業に目を向けて、成長を続けるメガベンチャーはどんな方式を取っているかを見てみるといいかもしれません。

また、プロジェクトマネージャーや経営層がＩＴリテラシーを持っていることも大切です。彼らには、エンジニアのパフォーマンスを最大限に引き出す手助けをすることが求められます。

いずれにせよ、海外の優秀なエンジニアから選ばれない企業は、これから先の社会を生き残るのは難しいでしょう。**海外の優秀なエンジニアを採用したいなら、彼らから求められる企業になること——それこそが自社を発展させ、グローバル競争に勝ち抜くカギになるのです。**

採用もエンジニアもより自由になる未来へ

私たちfreecracyは、ヒューマンリソースをテクノロジーで解決するＨＲテック企業として創業しました。日本企業のテクノロジーの活用を促進し、より自由な働き方や国境を超えた働き方を実現することを目指しています。

「freecracy」という社名は「自由主義」――個人が自分の目標を自由に実現できる環境を提供したいという思いを込めています。「世界中の発想する才能と創造する才能を繋ぎ、より良い世界を作る」をミッションとして掲げ、「世界の才能が自由に国境を超えて繋がり、自由な働き方を実現するあらゆるプラットフォームを提供する」というビジョンの実現に向けて、ＩＴ業界を通じて日本の企業文化を変革し、他業界にもその変化を波及させていきたいと考えています。

第１章で、私がfreecracyを創業した理由についてお話ししましたが、テクノロジーが十分に活用されていない人材業界に対し、その課題を解決したいと考えたことに加えて、「人が自由に働けるプラットフォームを作りたい」という理由もありました。

これは採用市場に合わせて個人の希望が制限されるというマーケットイン的な発想ではなく、個人の自由を重視した発想に基づいています。そのような自由なプラットフォームがあれば、たとえば、「人柄がよい人材」や「自国で採用できる人材」など、企業のニーズにより応じた人材を提供できるはずです。

同時に、エンジニア個人の事情も重要です。「子どもが小さいのでフルリモートで働きたいエンジニア」や「特定のプロダクトを作りたいエンジニア」など、エンジニア個人のニーズにも応え、企業とエンジニア双方にとってのメリットとなるプラットフォームを作れば業界全体、さらには日本全体、そしてベトナム、東南アジア、最終的には全世界が発展していくと考えています。

ベトナムは日本とよく似た側面があると述べましたが、実は技術力が高いのに、世界に通用するＩＴサービスやプロダクトがまだ輩出されていない点もよく似ています。私は、日本とベトナムの連合チームで世界に通用するプロダクトをクライアント、そして自社に貢献させていただくことで生み出していきたいのです。

ＩＴ業界には優秀で創造的な人材がたくさんいますが、人材業界独自の仕組みに縛られ、その優秀さを活かせない人材が多いことを感じています。こうした「埋もれたエンジニア人材」を見つけ出し、支援することも私たちの目標です。エンジニア人材の価値を最大に発揮できる環境を整えることで、エンジニア不足という社会的課題の解決にも貢献したいのです。

そのためには、エンジニアとしての適性を持ちながらも、まだその訓練を受けていない人材を育成することも視野に入れています。より高度な仕事を行うために必要な学びの機会を提供するなどして、優秀なエンジニアを増やすことも、私たちの使命のひとつです。

エンジニアリングの世界の魅力

本書で述べたことは、ＩＴ関連の企業だけに必要なことではありません。ＤＸがかくも進行するこの社会においては、ＩＴ関連の企業でなくとも、エンジニアが必要とされる場面が急増しています。第1章でお話ししたように、既に全業種でＩＴエンジニアの奪い合いになるような状況が生まれつつある今、国内人材だけにとらわれず、海外人材をうまく活用することが不可欠となっています。

私は、エンジニアリングのメリットのひとつは、言葉の壁を超えることだと考えています。たとえば接客サービスでは、必然的にその国の言葉が介在します。しかし**エンジニアリングでは、効率的にプロジェクトを回す仕組みさえあれば、言葉の問題はさほど重要ではありません。**海外エンジニア人材を活用するにあたって、言葉の壁を問題視しているのであれば、この点をまず考えていただきたいと思います。

さらにエンジニアリングの世界では、優秀なエンジニアとそうでないエンジニアとで生産性が大きく異なります。これは他業界では考えられないほどの差となります。

たとえば建設業界では、現場に優秀な作業員がいたとしても、体力的な問題など物理的な限界がありますから、個人の生産性の差はそれほど大きくありません。どれだけ身体能力が高くても、せいぜい倍くらいの仕事しかできないでしょう。

しかし**エンジニアリングの分野では、1人のエンジニアの能力が、プロジェクトの成果に指数関数的な影響を与えます。**ただし、エンジニアリング能力に優れているだけではなく、業務知識やプロジェクトの目的、マーケット環境などを理解し、それに基づいて効果的に作業を進めることができる優秀なエンジニアは、日本でもベトナムでも全体の5%くらいにすぎません。しかし、このような優秀なエンジニアは10人分、場合によっては100人分の働きをしてくれるのです。

こう考えると、「国内の人材を採用したい」「とにかくコストを抑えたい」といった目先のニーズにこだわらず、海外の優秀なエンジニアを採用する必要性が、自然とご理解いただけるのではないでしょうか？

まずは海外エンジニアのすごさを体感しよう

本書の冒頭で２０３０年問題についてお話ししましたが、実は、エンジニアを増やさずにこの問題を解決する方法があります。それは、エンジニアの生産性を上げることです。

たとえば、エンジニアの生産性が50％向上すれば、現在のエンジニア不足の問題は大幅に軽減されるでしょう。総務省のデータを見ると、エンジニアの供給と需要のギャップが2倍になっているわけではありませんから、生産性を１・５倍くらい高めることができれば、エンジニア不足は解消されるはずです。

生産性を１・５倍にというと、他の業種ではあり得ない数字かもしれません。

しかしことエンジニアリングの世界であれば、十分にあり得るのです。

本書をお読みいただいたみなさんにまずお願いしたいのは、**海外と日本の現状を直視し、海外のエンジニア人材と接する機会を持っていただくことです。**

たとえ国内の人材にこだわっていても、これまでにオフショアを活用して海外人材の活用に失敗していても、一度優秀な海外エンジニアと実際に話して仕事をすることで、意識は大きく変わるでしょう。そして生産性が大きく異なることを体感していただければ、そこから成長速度が飛躍的に向上するはずです。

2030年問題は、日本の企業にとって重要な一歩となります。大切なのは、日本企業が直面している問題に絶望するのではなく、そこから一歩踏み出すこと。本書のタイトルに「エンジニアリソース革命」と掲げたように、この苦境を革命のチャンスに変えられるかは、みなさんの意識次第なのです。

おわりに

18歳まで大阪に住んでいた私は、ずっと海外への強い憧れがありました。私の父は繊維メーカーを経営していたのですが、「海外の資本を使える人が勝つ」とよく言っていました。しかし、当時の父の会社は海外に工場を作れるほど大きくなく、１９９０年代から中国企業に押され、経営が少しずつ苦しくなっていきました。

私が海外に憧れを持つようになったのは、こうしたことが大きく影響しているように思います。そして大学から海外に行くことを決意し、オクラホマの大学に進学しました。オクラホマを選んだのは、比較的安価だったから。そして何より、日本人がほとんどいないということが最大の理由でした。日本人がいない環境で自分の能力を磨きたかったのです。

卒業後はＩＴコンサルティングの会社に就職し、その後、Ｍ＆Ａのプロジェクトマネージャーとして事業会社に勤めて本格的に海外でのキャリアをスタートしました。東南アジアの会社でＩＴを使って赤字の会社を黒字化させるなど、海外での実績を着実に積み重ね、29歳のときにベトナムで起業しました。この会社を売却したあと、グローバルな社会で、私自身もより自由に働きたい、そしてほかの人たちも、時間や場所にとらわれず自由に働けるプラットフォームを作りたいと考えました――そして始めたのがfreecracyです。

freecracyを始めた私の問題意識については、既にお話ししました。「求職者と企業それぞれにプラットフォームを提供し、リソースを見える化する。そして世界55万人の優秀なエンジニアと企業を結び付けることで、世界のＤＸ化を支援する」――これが私の目指すビジョンです。

本書では海外エンジニアを活用するポイントについてお話ししましたが、日本人エンジニアの持つ能力は、欧米やインドのエンジニアと比べても遜色ありません。ただ、仕事に無駄が多いために生産性が低くなっており、そしてその原因は、組織の仕組みや仕事の進め方にあると考えています。

そもそも日本企業の多くは、海外市場に積極的に挑もうとはしません。しかし、あらゆる分野で縮小を続ける日本にこのまま留まっても、先はありません。海外エンジニアを採用することが厳しい現実に、そして自社に内在する問題点に目を向けるきっかけになるでしょう。

もしも今、読者のみなさんが、優秀なエンジニアを雇えなかったり、思うような成果が出なかったりと、苦しい状況にあるのであれば、ぜひ海外に目を向けていただければと思います。きっと活路があります。

最後に、もういちど言いましょう。「エンジニアリソース革命」を起こすときは、今なのです。

２０２４年４月吉日　freecracy代表取締役社長兼ＣＥＯ　国本和基

『エンジニアリソース革命』
読者特典のご案内

「海外エンジニアについて、もっと知りたい！」

「海外エンジニアを活用したい！」

というみなさまへ

著者・国本和基による
無料コンサルティング（1時間）を
プレゼントいたします

HPの「Contact」から

「書籍を読んで」と記載のうえ、

お問い合わせください

https://freecracy.com/dx/contact

※読者特典は、予告なく変更・終了する場合がございます

［著者略歴］

国本和基（くにもと・かずき）

freecracy株式会社 代表取締役社長兼CEO

米国オクラホマ州立大学を卒業と同時に米国公認会計士資格取得。世界各国に4,000人を超えるコンサルタントを擁するアビームコンサルティングにてERPやスクラッチを含むITシステム導入プロジェクトに参画。ロッテホールディングス海外事業部へ転職後、ヨーロッパや東南アジアでさまざまなM&AやERPシステム導入プロジェクトを牽引。現在、独立後２社目のスタートアップであるfreecracyを運営、これまでに企業と候補者40,000人以上のマッチングを実現。

エンジニアリソース革命《かくめい》

2024年4月21日　初版発行

著　者　国本和基

発行者　小早川幸一郎

発　行　株式会社クロスメディア・パブリッシング
〒151-0051 東京都渋谷区千駄ヶ谷4-20-3 東栄神宮外苑ビル
https://www.cm-publishing.co.jp
◎本の内容に関するお問い合わせ先：TEL（03）5413-3140／FAX（03）5413-3141

発　売　株式会社インプレス
〒101-0051 東京都千代田区神田神保町一丁目105番地
◎乱丁本・落丁本などのお問い合わせ先：FAX（03）6837-5023
service@impress.co.jp
※古書店で購入されたものについてはお取り替えできません

印刷・製本　株式会社シナノ

©2024 Kazuki Kunimoto, Printed in Japan
ISBN978-4-295-40967-0　C2034